La forma d'un sentit

David Carabén

La forma d'un sentit

Les cançons de Mishima comentades per l'autor

A cura d'Andreu Gomila

Epíleg de Sergi Pàmies

Editorial Empúries

Barcelona

© David Carabén, 2015

Primera edició: abril del 2015

© per l'epíleg: Sergi Pàmies, 2015

© d'aquesta edició: Grup Editorial 62, s.l.u.,
Editorial Empúries
info@grup62.com
www.editorialempuries.cat

Fotocomposició: Víctor Igual
Impressió: Reinbook
DIPÒSIT LEGAL: B. 4.224-2015
ISBN: 978-84-16367-01-6

Per la Flora, el Guerau, el Roc i la mare

TAULA

NOTES PER A LA INTRODUCCIÓ DE «LA FORMA D'UN SENTIT»

5 DE DESEMBRE

Abans de res. ¿Què és digne de ser cantat? ¿La teva llista de la compra? ¿El teu programa electoral? ¿La teva estúpida idea del que és l'amor? ¿La vida, en general?

¿Per què hauríem de deixar de parlar en aquest rang de veu quasi monocord amb què parlem habitualment amb els amics, amb la dona, amb el del quiosc? ¿Per què, de sobte, pujar a la quarta? ¿Per donar una notícia? ¿Per elevar una pregària? ¿Per denunciar una injustícia?

Mira què fan els guionistes dels musicals. Fan cantar aquell personatge perquè està feliç i plou. L'altre perquè lamenta una mala passada del destí. I el de més enllà sospira per una dona.

14 DE NOVEMBRE

Abans, amb dos acords en tenia prou per crear mil melodies. Em venien soles. No necessitava gaires condicions favorables. En tenia prou de seure, posem a la cuina, i mal rascar dos acords a la guitarra amb insistència. Si arquejava les celles volia dir que, en qüestió de segons, se m'escaparia una mena de grinyol, digue'n lament, per la boca. Ara necessito trenta acords diferents per convocar l'escarransit rossinyol desplomat que tinc a dins.

Abans, un cop definida la idea central, ja no me n'allunyava gaire. No hi havia drecera que em pogués fer arribar més ràpid a cap destí, de tan directe que m'hi encaminava de manera espontània, de tan clar com sentia la seva bellesa i la seva veritat. Ara necessito cagar-la mil milions de vegades, desviar-me pels camins més tortuosos, perdre'm pels boscos més pudents, per continuar sentint la cançó.

20 D'OCTUBRE

N'hi ha que diuen que l'error és el rudiment de la imaginació. I és ben possible que sigui així. ¿Com, si no, algú podria haver construït un poema a partir de la imatge d'un vaixell ebri?

L'estaquirot del Don Draper explica d'aquesta manera brillant en què consisteix un procés creatiu. Primer es documenta molt i explora totes les possibilitats i significats associats a allò de què vol parlar. Després se n'oblida. Canvia de tema. Es provoca la distracció. Així, quan torna a ficar-s'hi, amb la ment neta com una pàgina en blanc, pam, la idea li arriba amb tota la claredat. La distracció com una part del procés.

Però esclar, si no escrius les cançons per encàrrec, sinó que en realitat les robes a la vida, la cosa va diferent. La distracció, de fet, és el procés.

És com allò de no mirar fixament l'estrella per poder-la veure. Emet una llum tan fràgil, de tan lluny com està que, quan li reclames el fulgor amb tota l'atenció, no te'n pot donar prou per satisfer-la. Només veus que hi és quan desvies l'atenció cap a alguna altra cosa i converteixes aquell fulgor escàs en soroll, contaminació lateral.

Les cançons arriben de la mateixa manera. Es tracta de no mirar-les fixament. Mira cap a una altra banda. Distreu-te.

He de provocar l'error. He d'invertir, ser sistemàtic i ambiciós en la distracció. Per això, escriure cançons surt caríssim. No hi ha sistema econòmic que s'ho pugui permetre!

20 DE MAIG

És el mestre dels rostres, les anatomies, les màquines. Sap de què està fet un somriure; pot reproduir-lo a la façana d'una casa, en els plecs d'un jardí; desenreda i entortolliga els filaments de l'aigua, les llengües del foc.

Escrits sobre Leonardo da Vinci, Paul Valéry

Hem de sortir de Barcelona a les dotze perquè volem descarregar i muntar abans de dinar. D'aquesta manera, a les quatre, ja podem estar provant.

Mentre espero el metro que m'ha de portar al local, penso que hi ha alguna cosa estranya en tot el que envolta un concert. Sobretot si ho consideres des del punt de vista d'una sola cançó. La infraestructura que ara necessites per reproduir aquell estat peculiar d'emoció al qual apuntaves quan la vas escriure és colossal.

La vas compondre sol, tancat a casa o a l'estudi. Potser ho vas fer en una tarda. Potser en vint sessions en intervals de dies, setmanes, mesos o anys. Només quan creies que ja tenies prou clar què podia voler dir, la vas portar a la banda. Després la vau treballar en grup. Li vau preguntar si era d'aquesta o de l'altra manera, amb aquest arranjament, amb aquest ritme o amb aquest altre, com recrearia millor aquella emoció que encara estàveu intentant entendre o capturar. El Marc va trobar un arranjament al piano que li aportava un color que no t'hauries imaginat. L'arranjament del Vega et fotia els pèls de punta. Però estava en un pla diferent que el del Marc. I el patró de l'Alfons a la bateria era collonut. Però d'una complexitat tan gran que no deixava espai als altres. El Xavi dubtava entre una, dues o tres línies de baix diferents, segons si optava per l'arranjament de l'un o de l'altre. ¿Quants assajos, intercanvis d'arxius MP3, discussions, tossuderies, concessions, quants dies de vacances i quants refredats haurien de passar fins que donéssiu per bons els arranjaments?

Amb temps i sort, vau començar a incloure la cançó en algun repertori, per veure com parlava amb el públic. ¿L'havien entès de la mateixa manera que vosaltres? ¿Sabien què volíeu dir quan la tocàveu així? Finalment, en una versió ja molt definida, la vau gravar a l'estudi i la vau incloure en l'àlbum.

Ara la gent l'escolta mentre cuina o amb els auriculars, anant en metro cap a la feina. O amb els ulls tancats, estirats al llit. En definitiva, se l'han fet seva tot escoltant-la de la manera que la vau gravar.

Fer un concert és tornar a obrir el meló. Mostrar de què està feta aquella cançó, en què consisteix aquella emoció i què s'ha de fer per tornar a accedir-hi. I ara ja no n'hi ha prou amb tu, la teva guitarreta i arquejar les celles en la intimitat de la teva habitació.

Ara has d'anar al local, baixar els trastos a peu de carrer i carregar la Mafalda, que és com el Jordi anomena la furgoneta negra i gegant que us porta a tot arreu. Avui, per exemple, hi viatgeu vuit persones: el Jordi Castanyo (*road manager*) al volant, el Vega (guitarra) de copilot, el Marc (teclats), l'Alberto Polo (fotògraf) i tu a la segona fila, l'Alfons (bateria), el Xavi (baix) i la Sara Fontan (violí) a la tercera. El Lluís Bòria (llums) i el Marc Abad (so) ja són al teatre. El Pablo Fernández (trompeta) hi arribarà pel seu compte. I el Gerardo (mànager) i el Sergi (ajudant del mànager) també vindran al vespre.

Un cop carregada la Mafalda fins al capdamunt, haureu d'agafar l'autopista, potser dinar pel camí, veure com desfila el paisatge mentre algú xerra o fa sonar un disc, arribar al poble, buscar el teatre o la sala, descarregar, muntar l'escenari; hauràs d'esperar el teu torn a la prova, provar sol, provar plegats, menjar alguna cosa, canviar-te mentre s'omple el lloc, sentir com puja l'adrenalina, anar al lavabo, riure, capficar-te, dubtar, beure, abraçar-te amb tota la colla i finalment sortir a l'escenari per cantar l'endimoniada cançó.

Ho he fet moltes vegades. Però em continua semblant una feinada molt bèstia, tornar a cantar la cançó. Plena d'hores, de quilòmetres, de soroll, d'esperes, de nervis, de rialles. Sobretot quan, qualsevol dels que ha vingut a veure'ns, només pitjant el *play*, ja hi podria connectar. Però, és clar, pitjant el *play* només connecten amb un enregistrament, amb una foto. Si vols sentir la cançó viva, si vols veure com s'encarna en tots nosaltres, en aquella sala, en aquell moment, entre els que la toquem i els que l'escolten, hi ha tota una distància física que s'ha de recórrer. Una distància física, temporal, material i si vols espiritual per tornar a coincidir en l'emoció d'aquella cançó. Moltes esperances, algunes de satisfetes, altres de decebudes, malentesos, troballes, molts calés, i un fotimer d'hores dedicades a treballar en els fotuts tres minuts que dura la cançó.

A mi m'avorreix l'*ego trip* de Nick Cave a 20.000 *days on earth*. Al Vega gairebé l'indigna. Fa que desconnecti completament del film. Hi ha una part difícilment suportable. Tenir al cotxe el Blixa Bargeld, fer-li fer que sí amb el cap. Tenir la Minogue, obligar-la a recordar aquell moment en què Nick Cave li va semblar algú admirable... Crec entendre a què es deu l'egocentrisme de Cave. El Vega no el perdona.

Per escriure cançons has d'acudir als límits de la teva consciència. Si ets dels que componen jugant a confondre vida i obra, necessites freqüentar aquesta frontera entre la vigília i el son, entre la consciència i l'al·lucinació. Entre tenir el control i perdre'l.

Hi ha alguna cosa heroica en aquesta manera d'escriure que legitimi un cert nivell d'*ego trip*, no? Abans de res, però, ¿com és que un tria compondre d'aquesta manera? Tots els artistes que m'han dit alguna cosa ho feien així, crec.

El meu cap en vigília m'ofereix un tipus d'imatges d'una qualitat ridículament inferior a les associacions que em proposa qualsevol estat alterat de consciència. No cal anar begut, tot i que de vegades és així com s'hi arriba. Però sí que cal estar ebri, encisat, endut per algun entusiasme tan intens com passatger. Ebri de música, d'enyorança, d'odi, de vi o de tendresa. Només d'aquesta manera puc acabar establint aquest diàleg amb un altre jo que no para de proposar-me associacions absolutament inesperades. Un altre jo generós en associacions. El sobri no s'associa amb ningú. Només se sap entrenar. De fet, l'he condemnat a això: a entrenar-se per sempre.

Acudim a aquest espai fronterer perquè és allà on vam ser feliços. De grans, quan retrobàvem la força i l'esperit de quan érem joves. De joves, perquè era el moment en què recobràvem la inconsciència dels nens. De nens, perquè era quan burlàvem l'autoritat.

Tota la vida hem après que estàvem vius quan deixàvem de ser una mica nosaltres i ens deixàvem endur per l'emoció d'un moment que, finalment, vés a saber a qui pertany, si a nosaltres mateixos o a alguna força que només podem aspirar a cavalcar una estona.

10 DE DESEMBRE

Que la meva feina sigui distreure'm és un embolic.

Abans, quan em guanyava la vida fent televisió, tenia claríssim quina era la meva cara A i quina era la cara B. La consciència era per a la feina, perdre-la, per a la música. El dia per a la tele, la nit per cantar. Ara que només sóc músic, se'm fa molt estrany crear l'anvers del no-res. Bec als matins, rento plats i estenc la roba a les nits.

Un bon amic utilitza una cançó nostra per justificar la seva postura en un debat de l'actualitat política. Em rellegeixo la lletra de la cançó i no li puc treure la raó. La cançó es podria interpretar d'acord amb el propòsit que li dóna. Però quan aplico el significat de la cançó a l'opció política contrària, la cançó encara funciona.

Algú em dirà que si és així, les cançons no diuen res. No hi puc estar més en desacord. Precisament, una cançó així ho diu tot. Estableix i subratlla una constant humana, una equació les variables de la qual cadascú identifica amb el que creu més adient. Però l'equació ens explica a tots. La cançó funciona com l'esquelet, l'estructura òssia d'un estat d'esperit que cadascú encarna a la seva manera. Mereix doncs ser cantada i recantada. La cantarem a favor i en contra de qualsevol circumstància. ¿Descobrir el que hi ha de constant en nosaltres és dolent? ¿No és una forma, tan precària com es vulgui, però no és una molt bona forma de dialogar amb el que hi ha d'etern en nosaltres?

Crec que intentar definir o determinar el que ens fa humans és el més difícil i apassionant de fer música. Un altre dirà que, d'aquest manera, no ens mullem prou.

En períodes convulsos, la temptació a participar en el debat és constant. La temptació de fer servir les cançons per assolir el poder. Per empoderar una causa, com es diu avui dia.

I esclar que les cançons també haurien de servir per enfortir els fràgils, perquè l'energia que transmet una cançó, una forma concreta i amb propòsit, els doni el vigor que necessiten per enfrontar-se a l'obstacle i vèncer-lo. Jo les he escrit sempre amb aquesta idea. De fet, totes les cançons que he escrit han estat la manera d'acabar amb alguna fragilitat del meu propi esperit.

Crec que, potser només a llarg termini, les causes justes —les que estan més a favor de l'ésser humà— són les que canten. Són les que atorguen a la poesia i a la cançó el poder d'explicar-nos.

8 DE GENER

> Conquerir el present
> Cridar al cel que és nostre
> Cantar que ens pertany
> Exigir-li l'alè que ens robaria
> Si no fóssim vius

18 DE NOVEMBRE

> Voleu que us digui la veritat?
> No hi ha més plaer que la malaltia
> més vera història que la tragèdia,
> més vilesa que la del cavaller,
> més horrible so que el de la melodia,
> ni millor consell que el de l'enamorat.

«Balada [de les contra-veritats]», François Villon
(traduït per Andreu Subirats)

24 DE JULIOL

El mateix exercici d'abstracció que exigeix sumar dos i dos, anomenar «éssers humans», «portuguesos» o «funcionaris» a una colla d'individus que no tenen res a veure entre si o, per què no, llançar una bomba atòmica per acabar amb l'enemic, és el que reclama escriure una nova cançó. Però fem cançons per posar en dubte que abstraure sigui la manera de fer les coses. Tota la política que es pugui fer es troba en el procediment. Mai en el propòsit i molt poques vegades en el resultat.

25 DE JUNY

Si el meu somni només fos gana, set, desig... Si la meva imaginació no construís res més que mercaderies!

15 DE FEBRER

La política del músic, la seva moral, és la pràctica, la repetició. Ningú va néixer tocant el piano. El cos del músic és un obstacle que cal aprendre a superar. Com? A base de practicar escales com un autòmat. La memòria dels dits, en diuen els guitarristes. El músic s'autoprograma el cos perquè la seva ànima s'expressi musicalment a través seu... Repeteix escales fins que identifica un moviment dels seus dits, una vibració de les cordes vocals, una pressió al pit, amb un so.

Compondre és un pas més. Es tracta de fer que aquest so ens porti cap a alguna banda.

En un llibre que em deixa l'Andrés hi llegeixo que el descobriment d'una societat ideal per part d'un intrús —com un antropòleg portador d'un virus— amenaça sovint la mateixa existència d'aquesta societat.

La lògica del periodista musical o del *coolhunter*, que descobreix una banda o una escena i trenca l'encanteri incloent-lo en un reportatge o en l'informe per a una marca.

En una de les escenes més boniques de *Roma*, de Fellini, conviden una colla de periodistes a visitar les obres d'excavació dels túnels del metro de la ciutat eterna. Les han hagut d'interrompre perquè hi han descobert frescos de l'antiga Roma perfectament conservats. Amb la mateixa lògica de l'antropòleg infectat que causa epidèmies en el seu objecte d'estudi, els visitants de la troballa arqueològica, en accedir-hi, permeten l'entrada d'un corrent d'aire que erosiona en segons els meravellosos frescos que s'havien conservat segles.

El nen que admira el mag i, en espiar-lo, descobreix els seus trucs.

Fer una cançó escrita des del primer amagatall de la teva vida, quan descobreixes, per primera vegada, com és el món quan el mires des de fora.

Escriure una cançó és omplir d'intenció el que va
començar com un taral·leig. Atorgar al taral·leig la
possibilitat de dir la veritat.

9 D'ABRIL

Un disc que escoltes molt és un disc que passa molt
de temps al teu costat. A partir d'un cert moment,
cada vegada que l'escoltes, refereix en gran mesura
el temps que heu passat plegats. I el disc que només
t'agradava escoltar acaba parlant indiscutiblement
de tu.

12 DE MAIG

I en un núvol, la cara estimada del meu passat.

«Que reste-t-il de nos amours?», Charles Trenet

24 D'ABRIL

La insistència en l'amor com a motiu i motor íntim
del cant, com a punt de partida i organitzador ín-
tim del poema, és comuna i universal en el món tro-
badoresc. La cançó, aquell poema que sempre parla
d'amor i que és objectivació de la forma perfecta de

cortesia, només esdevé possible perquè aquell mateix amor s'ha fet amo del poeta i en tot el governa.

De la primavera al Paraíso, Jaume Vallcorba

28 D'OCTUBRE

I tu, ¿per a què fas servir les cançons? ¿Quan hi acudeixes? ¿En quines condicions les escoltes? ¿Què els demanes?

¿De camí cap a la feina, amb els auriculars, per dir-te, durant el trajecte, que encara ets a casa? ¿Per donar-te impuls quan les cames et fan figa, mentre corres? ¿A través del fil musical, per no rosegar-te les ungles a la sala d'espera? ¿Per donar caràcter al fred centre comercial on fas les compres? ¿Al tocadiscs del menjador, per donar sentit a l'únic matí que passes a casa? ¿O acudint a un concert, per veure si una cançó respira?

19 D'ABRIL

Ara sona l'Alfons a la bateria. Està provant. Un punt per sobre del que les meves temples i el meu cap poden aguantar. Hem dinat de collons en un restaurant que vam descobrir de gira, gràcies a la recomanació d'una amiga de Facebook. Avui era la segona vegada que hi anàvem en els últims dos anys i ens hem regalat. La llarga espera fins al moment de les proves ha coincidit amb la caiguda de l'eufòria alcohòlica. Qualsevol diria que, en aquestes condicions, sentir com prova l'Alfons és un càstig de Déu. Acumula patrons un rere l'altre amb tant d'entusiasme com desordre, les dissonàncies que produeixen els alts i baixos del volum de la PA atabalarien el més flegmàtic dels monjos budistes. Però a mi em sona tot com música celestial. Informació sonora elaborada, complexa, plena d'intenció. Em sento intel·ligent només de sentir-la. I no he de fer res. No puc fer gran cosa, tampoc. Del meu cos vençut només aguanta actiu el fetge, que ara filtra vés a saber si patxaran, orujo, vi o cervesa.

Ara prova el Xavi. Cada gratada de corda del seu baix em fa vibrar el cervell. Vibro tot. Però esclar, l'ànima buida d'un ebri és el cos. Sóc feliç.

10 DESEMBRE

Sóc la vida i tothom em celebra.
Però jo us vaig abandonant a tots lentament.

25 DE MARÇ

Una cançó que porti per títol *Potlatch* i que comenci dient: «Em vas somriure i et vaig respondre alçant la copa de vi, convidant-te a sopar amb la mirada i proposant-te fer un viatge, que ens duria més enllà, més enllà d'aquell bar, d'aquella vida en aquell poble, d'aquella nit tan obscura cap al repuntar d'un nou dia, una dècada o un període, una època brillant, en què tu i jo hauríem canviat aquell present ensopit per un temps sempre en futur on els béns materials, immobles i espirituals brotarien d'un calaix que —veus?— tinc a la panxa i que brolla infinit com sóc jo i series tu, princesa del meu cor, i tants fills i tants néts i tants països sencers com hotels buits esperant que arribem del nostre llarg viatge. Però llavors tu, vaig veure que somreies a algú altre, i tot aquell castell de set-centes torres, amb els seus merlets, les seves garlandes i les seves trompetes rovellades, ja s'allunyaven cap al més ençà de la trista copa que ara t'hauria de pagar».

4 DE SETEMBRE

Manipules i jugues amb els significats com si fossin formes. Amb la mateixa falta de respecte que si torcessis un traç, fessis créixer el volum d'una volta o afegissis una mica més de taronja a una galta, cantes que m'estimes quan en realitat penses en una altra. Comences una cançó pensant en el teu pare i després la cantes referida a les fulles d'una branca. I de vegades, les fulles no són tant la metàfora com saps que ho és el pare.

10 D'ABRIL

Hem vingut a entendre tres o quatre coses. No gaire més. No viurem totes les vides. No riurem totes les

gràcies ni rebrem totes les carícies. Compartim al-
menys quatre cançons.

14 DE JUNY

> This is a night for lovers
> Set between yesterday's fears
> And tomorrow's most probable tears[1]

Noel Coward

1. Aquesta nit és pels amants / instal·lada entre un ahir ple
de pors / i un demà de molt probables plors.

LLETRES DE LES CANÇONS

I

CERT, CLAR I BREU

Tan cert com que tu i jo som altres.
Tan cert com que no hi ha res més.

Tan clar com que la nit ens espera.
Tan clar com que no ho fa per tothom.

Tan breu com qui no espera resposta.
Tan breu com qui sap el que diu.

Ara i aquí,
t'estimo.

D'UN COSTAT DEL CARRER

D'un costat del carrer m'arriba el ressò
llunyà del clac-clac d'uns tacons.
Deu ser la que sense aturar-se amb la mà
es posa una cinta per recollir-se els cabells
i en girar la cantonada
qui sap si per sempre desapareix.

El carrer queda buit un instant
i unes fulles al vent prenen el relleu
de la meva atenció endormiscada
que no sap valorar la gravetat del moment
i em sorprèn un escombriaire
que passa l'escombra just per on ella ha marxat.

I sóc només jo qui de tots els balcons ha vist la Flora
    marxar.

Algú que no veig però que sento
ha pujat la persiana del seu establiment
i una briseta gelada em recorda
que encara vaig en calçotets.
No cal que us digui que si algú em veu així
descobreix tot l'engany.

Torno cap endins a la cuina
que amb una mica de sort ja deu ser llest el cafè.

Em fico a la dutxa cagant-me en tothom
i en la merda de vida que tinc
i en les coses que encara
no sé per què però crec que hauria de fer.

I sóc només jo qui de tots els balcons ha vist la Flora
	marxar.

Em vesteixo en silenci i a les fosques
per tal d'evitar que es desperti el nen.
Vaig a veure'l com dorm: «¿En què deu somiar?»
i «Si pogués ser com ell...!».
Finalment el beso com si fos aquest
l'últim petó que mai he de fer.

Agafo la bossa, el mòbil ¿i el cony d'ulleres
on les vaig deixar?
Miro a la tele, a l'estudi, a la cuina,
al bany i a l'habitació,
i quan per fi la desperto li dic «Flora perdona,
que vaig a la feina» i li faig un petó.

I sóc només jo qui de tots els balcons ha vist la Flora
	marxar.

LA TEVA BUIDOR

La teva buidor mutant,
mostrant-me infinites versions
del no-res.

A l'ombra d'una carícia
hi ha l'oasi que nosaltres hem robat
al teu desert.

Mira el no-res com gira!
Mira el no-res com vola!
Ara s'ofega sota una pluja salvatge
i llavors crema sota un sol de justícia.

Té el gust intens d'una maduixa
o l'amargor d'una altra causa perduda.
És tot allò que es precipita, que es troba o que floreix.
És el missatge al mòbil que se t'oblida.

La teva buidor mutant,
mostrant-me infinites versions
del no-res.
Samarcanda, Tombuctú,
Marràqueix, Las Vegas,
París o Londres.

¿Que té la forma d'un vaixell,
aquell núvol que passa?
Una família es consola agafant-se de les mans.
¿Heu sentit com xiscla la cafetera?

Deixa-la dormir, que la pobra bèstia somia
un no-res que és somni.
La daurada buidor d'una duna al sol
ponent del teu desert.

MIQUEL A L'ACCÉS 14

M'agrades tant
que quan ens creuem pel carrer i faig tard
faig veure que ningú m'espera.
Que exigent la primavera
també aquest any!

Em fa tant mal
saber que t'avorreixes com un lluç
amb aquell burro de la feina
que sempre et parla d'hipoteques
i de futbol.

T'estimo tant
que ja no penso gaire en el veler
amb el que he somiat tota la vida.
El marró i el beix de l'uniforme
et queden tan guai...

I no és veritat
que estic millor
quan em destinen a l'accés 14.
No és veritat
que estic millor.
Sol amb el Miquel.

(5 de juny de 2004)

GUSPIRA, ESTEL O CARÍCIA

La meva ànima voldria enlairar-se,
però el meu cos no la deixa sortir.
És com si jo volgués allunyar-me
de mi.

Però quan l'àngel o la musa m'inspiren,
sóc l'alè d'un exèrcit diví.
Sóc guspira, estel o carícia,
guspira, estel o carícia,
per fi.

L'OLOR DE LA NIT

Sento l'olor de la nit
que s'atansa.
Misteri!
Adéu sol...

M'enterboleix la ment,
em desperta els sentits,
fa tant temps que no em sentia
tan sol!
I baixo al carrer,
que he de treure diners
i em cago en el caixer que em diu
que no tinc un ral.

Però avui no em cal.
M'ha trucat el Miquel.
Diu que a ell li cauen del cel
i que avui m'invita a volar:

«Avui volaràs!»,
em diu «avui volaràs!»,
«Avui volaràààs...!»

La nit ha caigut.
Els fars, els fanals,
passen blancs i vermells

i els meus ulls ballen amb ells,
i entre l'ombra i la llum
de mil bars plens de fum,
com si fóssim germans
o ens coneguéssim
de fa molts anys,
som cinc mil que ballem
entre el cel i l'infern.
«No vull que em facis
petons. Però, follem?».
Follem!

LA FORMA D'UN SENTIT

Tu també,
potser sense saber-ho,
en algun moment
has volgut ser una cançó.
Que algú et cantés.
Ser melodia
a la boca d'un desconegut.
Sonar precisa
i tan lleugera
com sentida,
verdadera.
Adoptar la forma d'un sentit
que es busca.

Admet que tu també,
potser sense saber-ho,
en algun moment
fins i tot has cregut
en l'amor.
Potser sense saber-ho,
en algun moment
has cregut en l'amor.

(2 de gener de 2006)

NEIX EL MÓN DINTRE L'ULL

Igual que el so en la corda,
tota imatge vibra d'existència
quan entra a la mirada

AGUSTÍ BARTRA

Potser ens hauríem de preocupar,
si admetem que totes les coses
que hauríem d'haver resolt
no les hem resolt encara.
A poc a poc
se'ns ha anat acumulant la feina
i tot està per fer.
I les promeses,
sobretot les que mai ens vam dir,
de tan secretes, de tan callades,
encara s'han de complir.
Si és que s'han de complir
algun dia.
Que mai hem plantat cara
als nostres somnis,
però tampoc als problemes
que arrosseguem de fa temps.
Què volem ser, què volem dir,
qui podem ser i, si ho tenim clar,
com ho hauríem de fer,
amb qui podríem comptar.

¿Compto amb tu?
¿Comptes amb mi?
Sí, potser ens hauríem de preocupar.

De fet, jo em preocupo
i de vegades tinc por.
Però, de sobte,
d'un dia per l'altre,
com qui no vol la cosa
me n'oblido.
I a la llarga
què vols que et digui,
al final de tot,
no sé com ni gràcies a què
ni per quin estrany mecanisme,
tota aquesta angoixa,
tota aquesta por que sento,
em tranquil·litzen.
No sé com.
Però em tranquil·litzen.
Estic tranquil...
Tranquil.

(14 de juliol de 2006)

LLEPAR-TE

Acariciar una persona,
llepar-la, és una
de les maneres
més definitives
de celebrar la vida.

Embriagar-me sentint
l'olor de la teva pell
és millor que llançar-se
de cap al mar.

Fer-te un petó, abraçar-te,
és millor que llegir un llibre,
que qualsevol cançó.

No hi ha res millor
que tocar-te i que siguis meva
per una estona.

No hi ha cap causa,
cap argument millor,
que mossegar-te.

No cal que passin ni dos dies perquè trobi de nou a
    faltar

la feliç confusió dels sentits que em produeix estar
davant teu.
Em noto el cor cavalcant en batecs fins a la gola.
I un abisme de set se m'obre a la boca quan sento el
perfum del teu alè.

T'estimo, amor
No hi ha cap cançó
T'estimo, amor
que sigui millor
T'estimo, amor
i aquesta és la meva primera,
la meva última idea
T'estimo, amor
no hi ha cap cel, no existeix l'infern
i no tinc més política, en aquest mo-
ment
T'estimo, amor
que llepar-te!

UNA CARA BONICA

¿Hi ha alguna veritat en una cara bonica?
¿Revela algun secret la seva bellesa?
¿Per què em fa feliç tornar-te a veure?
¿Que em descobreixo una mica més quan et miro?
¿Quin dels teus rínxols amaga un...?

¿Hi ha alguna veritat en una cara bonica?
¿Revela algun secret la seva bellesa?
¿Per què em fa feliç tornar-te a veure?
¿Que em descobreixo una mica més quan et miro?
¿Quin dels teus rínxols amaga un per sempre?

Amb el pas dels anys tindràs records
i alguns records voldran fer greu
la teva cara bonica, cara bonica,
la cara bonica que tinc al cor.

ELS VESPRES VERDS

Sóc aquí per trobar la manera
d'entendre què diu la cançó
que em té captivat
des de la primera impressió.

Quatre o cinc nits que no hi eres
i jo buscava un altre petó.
Te'n volia robar un altre,
obsedit per la primera impressió.

Càlids vespres verds,
grocs ho trobes,
blaus ho perds,
taronges les postes,
la vida mai nostra,
embriagadors els vins,
que bevem quan fugim
de la primera impressió.

¿On és el meu amor?
¿On és el meu amor?

NINGÚ M'ESPERA

Ningú m'espera
però avui ja no tinc por.
Fa tant temps que t'admiro
però és tan curta la cançó.
Ningú m'espera
i tu no saps qui sóc jo.
He menjat foc, he begut pluja
només de sentir-te dir que no.
Ningú m'espera
i tu no saps qui sóc jo.

Ningú m'espera
però avui ja no tinc por.
Fa tant temps que t'admiro
però és tan curta la cançó.

II

EM DIUS ADÉU

Si és veritat que vols deixar-me,
sisplau, fes-ho al matí.
En silenci, abans que em llevi,
que el que ara vull és dormir.

Dormir
Dormir

El somni em mostra un altre sol:
les nostres cares resplendents
en un somriure diferent,
sense ironies ni rancor.

Sota els arbres, prop d'un riu,
juguem amb frases d'altra gent,
i en un gest que no m'espero
s'amaga el sol i em dius adéu.

(24 de juliol de 2003)

L'ESTRANY

Qui deixa créixer l'estrany
dins seu,
vas a vas fins que troba
una altra veu,

ebri ofega l'antiga
ple de rancor i menyspreu
a la por dels mesquins
de veure el que ningú veu.

Deixa créixer l'estrany
dins teu,
mira'l cara a cara,
deixa que et parli
amb la idiota franquesa
d'un germà gran.

Qui reconeix a l'estrany
dins seu
en ningú veu a l'altre
i ell es veu en tothom
que se li planta al davant.

Deixa créixer l'estrany
dins teu,
mira'l cara a cara,

deixa que et parli
amb la idiota franquesa
d'un germà gran.

Deixa créixer l'estrany,
deixa créixer l'estrany,
deixa créixer l'estrany
perquè, cada vegada
que et parla,
tu el sents com per dintre.
Et desborda.
Ara et mira
i et veus
des de fora,
fins que entens
que *és* tu
qui tens al davant.

(30 d'octubre de 2003)

AQUÍ HI VA UN DO

Creuar-me amb tu al carrer em sembla injust i cruel,
que ho facis coincidir amb que surt el sol, ja em sembla
    l'infern.

Mira'm, l'ocell sóc jo.
Canta amb mi aquesta cançó.

Si fos per mi és així com s'acabaria el món.
Veure't caminant altiva canvia a fons l'expectativa
que en res pugui anar a millor la meva vida.

Veure com t'allunyes em fa sentir gelós
dels homes que caminen en la teva direcció.

Mira'm, l'ocell sóc jo.
Canta amb mi aquesta cançó.
Mira, aquí hi va un do
i la lletra diu que ara ve un petó.

LA BRISA

La brisa que t'encisa i eleva
fins a perdre el contacte
amb tu mateix, té la llum
d'un matí de dissabte
i l'elegància d'un crim
del que no et sents culpable.
El perill el vols córrer.
No et fan por els seus efectes.
L'ànsia que cura
no te la dóna cap altre objecte.

La brisa que t'encisa i eleva
saps que mai serà teva.
És com d'un oasi el miratge.
Hi ha qui l'admira i venera
com a la imatge d'un sant,
un heroi o una bandera.
Hi ha qui n'està fart
i vol viure d'una altra manera.
És la pastanaga del burro
al fons d'una nevera.

La brisa que t'encisa i eleva
fins a perdre el contacte
amb tu mateix, diu que ets viu
i que podries ser lliure.

Té l'energia del canvi,
d'una revolució o un espectacle.
No saps si anar a comprar
o agafar una pancarta,
esperar a les rebaixes
o emborratxar-te.

La brisa que t'encisa i eleva
saps que mai serà teva.
Com la sensació original
que ja mai més recuperes,
et condemna a un infern
sense greix ni bombolles,
que de tan insípid i light,
ja no fa por ni crema.
Vius en la nit descremada
de la droga lleugera.

La brisa que t'encisa i eleva
li demana al dia
què accepta de la nit,
a la vida de la mort,
al vell del jove,
al ric del pobre,
al mercat de tot allò
que no està en venda.
La brisa només bufa
per tornar-te a sorprendre.

La brisa que t'encisa i eleva
saps que mai serà teva.

Però és tan fabulós el miratge
i collonuda l'espera,
i fa l'hivern tan suportable
quan et creixen flors a la cartera,
que deixaries la dona,
deixaries la feina,
si no fos perquè a fora
bufa allò... Però, un moment,
¿allò què era?

MENTRE FLOREIXEN LES FLORS

Mentre es va fent de dia,
les abelles brunzeixen,
el gos remena la cua
al ritme d'un aspersor.
Ara la pàgina passa
i fa que el núvol es mogui
i descobreixi un avió
que pinta al cel una ratlla
i passa lent com la tarda,
mentre floreixen les flors.

Mentre floreixen...
                Lam
                pe
                du
                sa.

Mentre suri la nau,
no facis moure el paisatge.
Dic «foc encès a la llar»
i tu sents la seva l'escalfor.
Que es construeixi la casa,
que el nen s'estimi la mare,
mentre vola el falcó.
Ara el vent mou els arbres

i es cala foc a coberta,
mentre floreixen les flors.

Mentre floreixen...
                    Lam
                    pe
                    du
                    sa.

¿Que no sents que truquen a la porta?
¿Que no sents com truquen a la porta?

LA VIDA TRANQUIL·LA

És tan fàcil deixar-se
emportar per un crit
com és fer-ho pels altres
imperatius de la nit.

Flirtegem sensualment
amb el no-res i l'oblit.

És tan fàcil de creure
que no es pot ser més feliç.
Però una vida tranquil·la
pot canviar en una nit.

Amb una trucada n'hi ha prou
                    T'obre
Amb una trucada n'hi ha prou
                    o et tanca
Amb una trucada n'hi ha prou
                    el destí
Amb una trucada n'hi ha prou
                    Et condemna
Amb una trucada n'hi ha prou
                    a viure per sempre
Amb una trucada n'hi ha prou
                    en l'ahir

És tan fàcil desfer-se
de vells amors com d'amics
com necessari escapar-se,
deixar-se perdre o fugir,

si el que tems o el que et busca
ho tens al fons, molt endins.

(30 de setembre de 2003)

UNA PART DE TU

Només era una part de tu,
només era una part de tu,
només era una part de tu que has perdut.
I és veritat que deu ser per això
que la trobes a faltar.
La trobes a faltar
com qui ha perdut una mà.
La trobes a faltar
com qui ha perdut un peu per caminar.
Però només era una part de tu,
només era una part de tu.
I és veritat que deu ser per això
que la trobes a faltar.
La trobes a faltar
com qui ja no s'hi veu i ha de recordar
la llum, les cares i els colors.
Però només era una part de tu,
només era una part de tu.
Però fa tant temps i fa tant mal
que potser no era una part.
I potser també s'ha endut
amb ella la resta de tu.
Potser ella també eres tu.
Potser ella també eres tu.
I no només era una part de tu,
no només era una part de tu.

Ella eres tu.
Ella eres tu.

EL MOMENT QUE NO SURT MAI
A LES CANÇONS

Ella et parla d'amor quan tens son.
Diu que ets tu el que la poses així.
Però tu no t'ho creus
ni t'ho vols creure.

Et toca amb els peus freds sota el llençol
i et fa carícies que convoquen sospirs.
Però avui no vols ni pensar-hi.
Avui millor que ni et toqui.

Ara vénen les misèries de l'amor,
el moment que no surt mai a les cançons.
Dóna'm una mica més.

Ja ho sé
que és pitjor fer-ho per diners.
Ja ho sé
que demà serà un altre dia.
Però demà encara no ha arribat.
Ara vénen les misèries de l'amor,
el moment que no surt mai a les cançons.
Dóna'm una mica més.

(desembre del 2002)

UN TROS DE FANG

Tu no saps com em fas sentir,
com un ninot fora la caixa,
tan petit i insignificant,
a les teves mans un tros de fang.

Tu no saps com em fas sentir,
com un idiota que compta el temps
perdut entre un «ja ens veurem»
i un «avui no puc».

Tu no saps reconèixer en mi
el que tinc d'or et sembla una llauna
i jo m'arrugo i vaig oxidant-me,
el que trobo dolç a tu t'amarga.

I per allargar la tonteria
el que ens cremava avui està ofegant-me.
I per allargar la tonteria
el que ens cremava avui està ofegant-me.

Tu no saps com em fas sentir.

(2 d'agost de 2006)

ETERNA COM ROMA

Si pogués fer-te una foto
amb els ulls
i conservar-la a la memòria
per sempre més,
eterna com Roma,
tal com et veig avui,
ja en tindria prou
per ser feliç,
per sobre de l'opac,
del lleig i el gris
que inunda Barcelona
(aquí un minut dura una hora).

Porta'm la llum,
dóna'm la pau,
creix al meu pit
com un nou orgull.
Fes-me valent,
treu-me d'aquí,
posa'm un nom
que sembli un crit.

El dia de Nadal
vull que em confessis una cosa.
El dia de Nadal
jo mateix t'obriré les portes.

El dia de Nadal
vull que te m'acostis a l'orella
i en un lleu xiuxiueig
vull que admetis que existeixes.

Porta'm la llum,
dóna'm la pau,
creix al meu pit
com un nou orgull.
Fes-me valent,
treu-me d'aquí,
posa'm un nom
que sembli un crit.

LA TARDA ESCLATA

Hauria de dir
el que vols sentir.
Hauria de fer
el que tothom
                espera de mi.

Però de sobte
el sol
      perfora un gran núvol
i la tarda esclata
              com si fos
                    un matí.

I en aquest intercanvi aparent
les veritats es confonen:
el covard és valent.
I en l'estona que passa
entre que ho veig i ho entenc
va creixent la certesa
      que no
            ens necessitem
      però ens tenim.

Va creixent.
      No ens necessitem

la certesa.
    però ens tenim.

No sé si m'entens.
Però tu
    ja
        em tens.

EM DEURIA ENAMORAR

Ha passat molt temps.
No arribava ni als disset.
Ens en fotíem l'un de l'altre.
Mai he tornat a riure tant.
Jo ja en tenia trenta-cinc
i l'edat m'incomodava.
Però ella em feia sentir tan viu,
tan més jove,
que el cor no m'hi cabia, al pit.
Em deuria enamorar,
perquè de sobte em vaig sentir tan sol.
Jugava amb el meu cor
i el puto joc no s'acabava mai.

Comences creient
que et perdrà la bellesa,
llavors et topes amb l'amor.
Comences creient
que et perdrà la bellesa
fins que et trobes amb l'amor.

SANT PERE

No sé si el pas del temps
ens resoldrà tots aquests dubtes
o si demà ens espera una resposta
amb més preguntes.
Mai tornaré a ser
el que era abans.
Mai sabré del cert
què hi ha rere el teus ulls.

Però si demà apareix el sol
entre les cases de Sant Pere
i entra aquí per encendre't
la mirada,
creu-me, amor, que res ni ningú
podrà amb nosaltres.

Res ni ningú
podrà amb nosaltres.

Perquè demà ens pertany.
I demà és per tu i per mi.

(4 de setembre de 2003)

III

TORNARÀS A TREMOLAR

Si no hi ha res etern,
ni els calés ni la feina
ni els amics ni els amants,
els somnis somiats,
els moments viscuts,
són com fulles al vent.
Se les emporta enllà
i capriciós les fa tornar.

Tornaràs a sentir,
tornaràs a plorar,
tornaràs a sofrir,
tornaràs a somriure,
tornaràs a somiar.

Ni la lletra de l'himne
sobreviurà a la cançó,
els petons robats,
els tresors perduts,
els oblidats,
són com fulles que el vent
s'emporta enllà
i capriciós les fa tornar.
Tornaràs a mentir,
tornaràs a pregar,
tornaràs a creure,

tornaràs a fer-ho veure,
tornaràs a volar.

Si no hi ha res etern,
ni la ressaca de dia
ni la botella de nit,
els somriures forçats,
els sanglots fingits,
són com paraules al vent,
malentesos passats
que arreglaràs qui sap quan.

Tornaràs a sentir,
tornaràs a plorar,
tornaràs a beure,
tornaràs a viure,
tornaràs a tremolar.

(17 d'abril de 2008)

AGUÉEV

En l'esquena d'una persona
que has ferit i que s'allunya
hi ha alguna cosa que evoca
les injustícies i les ofenses
que ara t'hauràs d'explicar
i que et repeteix que cal dir adéu
una altra vegada
que cal fer-ho ràpid,
immediatament,
perquè aquest ésser se'n va
per sempre
i deixarà rere seu
molt de sofriment
que potser en la vellesa
no et deixarà dormir a les nits.

(31 de desembre de 1998)

ALGUNA COSA EM DIU QUE SÍ

Alguna cosa em diu que sí, llavors la resta comença
    en silenci una conspiració,
perquè és més fàcil i, de fet, la vida ja ho té, això de
    recordar-te constantment
el gran valor i la modèstia, l'honestedat de qui diu
    que no.

MAI MÉS

Ocupat no fent res,
he hagut de trobar el temps
per poder perdre'l amb tu.
Avisa'm quan surtis de la feina!

Si t'he de dir la veritat,
fa estona que deambulo amunt i avall.
Com la resta de la gent,
és molt probable que no vagi enlloc.
Però m'hi dirigeixo amb determinació.

Si t'he de dir la veritat,
fa estona que taral·lejo una cançó.
Tot el dia pel carrer
fent veure que sé on vaig,
fent veure que me la sé:
amor no em facis treballar,
amor no em facis treballar
mai més!

Treballar? ¿Per qui i per què?
És terrible haver-se de llevar
i interrompre somnis amb despertars,
allargar reunions i escurçar dinars.
Amor no em facis treballar,
amor no em facis treballar,

amor no em facis treballar
mai més!

DESPERTES L'INÚTIL

Cada vegada que em passes pel cap
despertes l'inútil
que dormia tranquil.
L'invites a beure
i a mi m'ofegues endins
cada vegada que em passes pel cap.

Cada vegada que et tinc al davant
et diria el que penso però em fas un petó
que desperta l'inútil
que diu coses per dir
cada vegada crec que t'enrius de mi.

Cada vegada que et veig a venir
m'ensumo el pitjor:
només puc dir-te que sí.
És el teu alè qui m'encanta
i sense tu no valc res,
despertes l'inútil
que no em deixa dormir.

(26 d'agost de 2005)

UN ALTRE DIVENDRES

Un altre divendres
i encara no t'ho he dit.
Una altra setmana
amb el cor encongit.

Si reunís el valor
per dir-te el que no goso,
si almenys m'atrevís
a fer-t'ho saber,

no hauria de pensar
en tu mai més,
no em caldria fer-ho
cada dia.

Aviat cauran les fulles
i tornaran els vents del nord.
Les primeres pluges
faran renéixer el teu record.

Si reunís el valor
per dir-te el que no goso,
si almenys m'atrevís
a fer-t'ho saber,

no hauria de pensar
en tu mai més,
no em caldria fer-ho
cada dia.

Mai més
pensar en tu
cada dia.
Mai més
pensar en tu
cada dia.

(tarda de l'11 i matí del 13 de gener de 2003)

DEIXA'M CREURE

Rere el negre profund dels teus ulls,
des del fons de la teva mirada,
s'intueix el fulgor d'una llum
però és tan tènue i tan lleu i s'apaga...

Deixa'm creure.
Deixa'm creure en tu.

Un estel en la nit clara d'hivern,
el far llunyà enmig de la tempesta,
la teva ombra envoltada de llum,
reflexa la lluna rere la finestra.

Creu en mi.
Creu en mi.

Deixa'm creure.
Deixa'm creure en tu.

EL PARADÍS

Avui he somiat en el paradís.
Allà s'hi deu estar tan bé!
Vent sec, palmeres, la lluna que t'espera,
mentre un sol rogenc se't pon al got.
I uns llavis d'ombra et taral·legen
una cançó secreta del desert
que diu que no hi ha amor al paradís.

No hi ha amor al paradís.
Però allà s'hi està tan bé!
Les joies brillen, les fonts brollen,
i per fi tu somrius, també.
El busco endins, en la soledat
d'un cor que ja no hi sent.
Em deixo endur d'ací d'allà
com si jo ja només fos vent.

Les fades dansen
omplint l'estança
amb la sentor
del gessamí.
És una febre obscura,
confonc les mesures,
la vella copa buida
s'omple d'un nou vi.

L'una canta que l'altra balla al so
d'una millor cançó.
Una que és més antiga
i que és per tant més franca:
no dissimula els murs
de cap presó.

NO ET FAS EL LLIT

Diu que ja no et fas el llit
i que plores a les nits.
I quan surts amb les amigues
diu que menges amb els dits.
Diu que truques a tothom,
fins i tot a antics companys,
però jo sé que el que tu busques
només ho trobaràs en mi.

Diu que et van veure amb el Joan
un dissabte allà al canòdrom,
quan tothom sap que és un imbècil
i que li suen molt les mans.
Diuen que reies massa fort
i que apostàveu pels més lents.
Diu que en sortir et va fer un petó
i, després... En fi, després no ho vull saber!

Diu que has tornat a treballar
i que ara et lleves més aviat,
i el cafè amb llet que jo et servia
te'l posa el noi de l'altre torn.
Diu que no et va tan malament
però a mi em sembla que menteixen
perquè jo sé que el que et fa falta
només ho trobaràs en mi.

L'OMBRA FEIXUGA

Plou
i el cel és tan negre
i tu ets tan lluny.
Som sota l'ombra d'un adéu,
l'ombra feixuga
d'un adéu.

Es veu que ens ha d'anar bé als dos
però també diu que els núvols
no han canviat de color
Això és un diluvi.
No para de ploure!

Plou sobre aquesta teulada,
sobre arbres i valls i pobles,
sobre carrers, fanals i cotxes,
i a la finestra
del teu pis,
també cau l'ombra
feixuga, l'ombra feixuga
d'un adéu.
De sobte es fa el silenci
i amaina la tempesta.
I no sé què és pitjor,
si la caiguda o el vertigen

d'una miserable gota
sobre el llot d'aquest jardí.

(3 de gener de 2004)

EN ARRIBAR LA TARDOR

En arribar la tardor,
l'Enric va tornar
i amb ell la promesa
que la faria mamà.

Li va fer un fill,
però de seguida es va espantar.
I a ella ser mare l'emplena,
però també de maldecaps.

Diu que l'Enric segueix amb la colla.
Diu que l'Enric es fot fins al cul de tot.

En arribar la tardor,
l'Enric va tornar.
Potser fent de pare
ja no hauria de treballar.

L'Anna es va aprimar
i ha tornat a sortir de festa.
L'Enric no pot amagar
l'odi que sent quan ella torna de dia.

Diu que l'Enric ara és un tros de pare
i que en canvi l'Anna mai se sap ben bé on para.
Diu que l'Enric li ha descobert uns missatges.
I finalment diu que l'Enric s'ha quedat amb el nen.

VINE

Vine, recolza't
al meu pit
i escolta,
digues el que sents
perquè si fa bum-bum
en comptes de tic-tac
és que ja estic perdut,
m'he tornat a enamorar
de tu.

IV

EL QUE EM VAN DIR

Mira com desplega
davant teu el seu encant.
Que bé que coneix el seu medi!
I, si li cal, com s'hi adapta!
Com les fulles
que s'agiten al vent
intercanviant verd i plata.

Deu ser per això que ets aquí.
O sigui que no tinguis por
i estira el braç. Vejam si l'agafes!
Vibrarà d'existència
al teu puny.
Tanca'l bé, que s'escapa!

Deixa anar corda,
però no tant,
que no ha d'oblidar
que ets tu qui manes.

Cal que entengui també
la condemna que us lliga
i és a poc a poc
que ho haurà de saber.

Agafa aire, respira fons,
que no tot el camí serà tan dur
ni sempre hauràs de ser tu
qui segui al davant.

Sembra amb humilitat
per a una època que potser
no has de conèixer
i no esperis amb ànsia collites
que ningú et va prometre.

Aprèn a gaudir
de veure com creix
a poc a poc la fulla
i s'enfosqueix el verd,
«que Déu si existeix»
et doni l'immens poder
de sentir en l'onada
només un batec.

L'immens poder
d'un sol batec.

LA VELLA FERIDA

Aquest matí, en llevar-me,
l'he sentida
com si fos una veu
coneguda
d'una vella amiga
que tornés a cridar-me.

La vella ferida ha tornat a sagnar-me.

I quan he vist
la cicatriu,
que de tan oberta
tot l'univers s'hi abocava,
he entès
que aquesta vegada
no podria escapar-me'n.

La vella ferida ha tornat a sagnar-me.

Però llavors has entrat tu
com una força de la natura
i, posant fil a l'agulla,
o una paraula en la teva veu,
has cosit la boca roja que era oberta
i ara els teus llavis la suturen.

TOT TORNA A COMENÇAR

Quan d'un cel blau del nord somriguin
núvols blancs i bufi el vent
i els teus pulmons s'inflin com veles
i el sol t'escupi raigs al front,

quan els pit-rojos i les caderneres,
els gaigs, les garses i els mussols
refilin a l'uníson la melodia
que tens al cap, potser que comencis
a sospitar.

I tothom sap que la sospita és la primera disfressa de
    la fe.

Quan recuperis tots els fragments
d'aquest naufragi que és la memòria,
d'aquests parracs ja no en direm corbates,
i d'aquesta espelma ja no en direm llum.

Quan de la fosca nit salvatge
l'udol dels llops convocant la lluna
recorri en calfreds els petits cossos
dels vostres fills, és que tot
torna a començar.

O potser tu mai has tingut un amic imaginari.
O potser tu mai li has demanat res al teu àngel de la
  guarda.
O potser tu mai t'has sentit fill d'un pare desconegut.

NO OBEIR

Si véns a ballar amb mi
aquesta nit
tan càlida i estelada
i admets que no va ser
un error de càlcul
l'última vegada,
podríem jugar al joc.
Podríem jugar al joc.

Si finalment tens por
perquè has vist en mi
la cara fosca de la jugada,
espero que sabràs
entendre que no em cregui
que era jo qui s'equivocava.
No hi ha encara prou cançons
per saber quan ni amb qui ni com.
No hi ha encara prou cançons
per saber si és veritat que sí.
Podríem jugar al joc.

Podríem jugar al joc
de no dir el que criden els ulls,
no seguir el camí de les mans,
no sentir el que proclama el cos,
no obeir el que ens indica el cor.

No obeir el que ens indica el cor.

EL TEMPLE

Ho sento si una part del meu cos
només pot veure't com un temple,
si el meu sentit del sagrat
comença allà on se m'acaba el ventre.

Ho sento, Maria,
però adorant-te he perdut
la meitat de la meva vida.

¿Què en farem del desig
ara que hem trobat l'amor?

Et vaig veure en sortir de classe,
a l'autobús i pel carrer,
a la feina, a la tele,
al setembre, al gener.
Ets l'amiga de l'amiga
i, de vegades, tu també.

(3 d'agost de 2007)

ELS VELLS HIPPIES

Els vells hippies van molt calents.
Semblen més purs, més nets de ment.
Però els vell hippies van molt calents.

Et repassen la dona
amb les ulleres rodones
i un somriure innocent.
Però amb els ulls encesos en sang
i les canes al vent.

Obeeixen gurus i xamans
i diu que viuen en espais zen.
Però Déu n'hi do i tapa't, nena,
perquè ara diu que van més calents!

Si fan cara d'asceta
i no tenen mòbil ni adreça
ni compte corrent,
segur que no porten calçotets
per fer-te notar on han muntat el campament.

—¿Saps que fumen maria
per despertar el subconscient?
Prefereixen banyar-se en estanys plens de merda
abans que gastar una sola gota d'aigua corrent.

—Va! Ja sé que tu no creus en l'amor lliure.
Sempre has sigut un burgès indecent!
L'amor és una mercaderia més,
aquí a l'Occident. Corromputs pels calés,
sembla que visquem tots dins un convent.

¿Però què hi ha de lliure en l'amor
—penses tu— i de tan corrupte en el món
quan l'únic que passa
és que van massa calents?

Mi-te'l aquell com somriu entre les dents!
Deu ser un vell hippy...
¿Per què no li deixes la dona tu
que fas tant el valent?

EL RECORD QUE NO HAS CRIDAT

Ja fa tant temps que no estic sol
que no tinc temps de mirar enrere.
Però de vegades el passat
se't fa present quan menys l'esperes.
I et salta a la memòria,
et salta a la memòria
el record que no has cridat.

El pare m'omple el got
amb un bon vi de la Rioja
o des del cotxe em desitja sort,
moments abans d'entrar a l'escola.

Ara una brisa et fa estremir
i un raig de llum travessa els arbres.
L'hivern és llarg i el sol tan pàl·lid.
«Abriga't més si has de sortir».
Fragment de la memòria,
fantasma d'un record,
el record que no has cridat.

(26 de novembre de 2003)

OSSOS DINS D'UNA CAIXA

L'Anna era una cambrera grassa, porca i queca
que sempre em deia «¿Però tu què,
que-t'ha-que-t'has begut l'enteniment?»
El Fot-li era un xinès que mirava
el «traga-perres» fixament.
Mai li vam sentir dir res de res.

El Ticiano s'ho follava tot.
Tot el que podia, esclar.
I pagant.

El Balanza diu que viatjava a través del temps,
que de sobte era a Crimea
i l'endemà a la dels Cent Anys.
Però, per una mena de miracle,
tu el veies sempre allà, sostenint
un petit got amb líquid coure entre les mans.

El Ticiano s'ho follava tot.
Tot el que podia, esclar.
I pagant.

Un dia en van venir tres, rient com hienes,
com si allò fos casa seva
i no el nostre esplèndid cau de corbs.
La mandanga era a la barra roja,

fent bandera americana
i aquells estels van caure tots.

Tot i que alguns semblaven recent baixats de l'arbre,
en breu serien tots ossos dins d'una caixa.

Per cada ànima un abisme i una manera de fugir-ne.
Per cada ànima un abisme i una manera de fugir-ne.

L'ELEMENT DEL PAISATGE

De vegades,
en tenim prou
amb caminar.

De vegades,
en silenci,
n'hi ha prou.

De vegades, amb
l'un al costat de l'altre,
n'hi ha prou.

De vegades,
l'ombra dels arbres
a la tarda desfila
sobre els nostres caps.

La brisa pentina
i el sol daura amb reflexos
l'aigua bruta del port.

Potser ja no som els mateixos
o algun element del paisatge
ha canviat.

O algun element del paisatge
ha canviat.

COM ABANS

Posem que era Barcelona
i que no era la ciutat dels sants.
Si algú ens deia adéu, li escopíem l'hola
perquè ens crèiem molt més importants

Hauríem de deixar la feina!
Picant de mans fèiem volar els coloms
quan pujàvem per les Rambles
perquè ja n'estàvem fins als collons.

(I encara estic)
Estic tan estic tan
estic tan enamorat.
Estic tan estic tan
enamorat de tu com abans.

Si era dilluns no hi havia Kentucky
i ens ofegava el primer dia gris.
Havíem de fugir de casa
com qui s'escapa del forat més trist.

Érem feliços i érem invisibles.
Triàvem una hora i un lloc.
Com d'estimar encara no en sabíem
ens jugàvem la vida com qui viu en un joc.

Sé que passes per un mal tràngol
entre dependències i pensions.
¿I si hi tornéssim una estona
com de nit l'estrella torna al firmament?

Estic tan estic tan
estic tan enamorat.
Estic tan estic tan
enamorat de tu com abans.

LLAVORS TU, SIMPLEMENT

Pujo caminant cap a Gràcia
amb aquella eufòria de qui sap que allà on va
hi trobarà una raó per quedar-se
tot i que és enlloc on es voldria exiliar.

Som a mitjans dels noranta
i tot crit m'ha semblat sempre aliè.
Tu ets l'única causa santa per la que
estic disposat a sofrir,
estic disposat a patir,
estic preparat pel dolor.

Però, ai amor,
no ens havíem vist mai encara
i als ulls de l'altra gent
hi fulguraven altres drogues.
Llavors jo era valent
i la por la millor metzina.
Llavors tu, simplement,
no existies.

Torno rodolant de Gràcia
amb el cap ple d'enllocs i ningús
i el cor buit d'esperança
però també de l'enyor que ja sentia per tu.

Som a finals dels noranta
i tot crit m'ha semblat sempre aliè.
Tu ets l'única causa santa per la que
estic disposat a sofrir,
estic disposat a patir,
estic preparat pel dolor.

Però ai amor,
no ens havíem vist encara
i als ulls de l'altra gent
hi fulguraven altres drogues.
Llavors jo era valent
i la por la millor metzina
i llavors tu, simplement,
no existies...

(11 de novembre de 2006)

HA ARRIBAT L'HORA

Fa tant temps que t'esperaves,
que no et queden més excuses.
¿Que no veus que ha arribat l'hora
de formar part de totes les coses?
Ja pots desfer-te del rellotge.
¿Que no veus
que ha arribat l'hora?

«Dóna'm la mà,
que anirem per la riba
caminant.
Tindrem la mesura
de totes les coses
només en dir-nos
que ens seguim amant».

(estiu del 2001)

V

JA NO TANCA ELS ULLS

Entre corba i corba,
al vessant de la muntanya.
Enmig dels esbarzers
i de les deixalles,
hi ha un cotxe bolcat
que encara fuma.

Pots sentir la remor
de la ciutat llunyana
Però una melodia
a la ràdio sona encara.
Una altra cançó d'amor,
de desig i de ràbia.

A dins hi ha la Mireia
i jo dec ser per terra.
D'una ferida al front
la sang li regalima.
Sembla que miri enfora.
Però ja no tanca els ulls.

Superfícies de metall i de plàstic deformades,
postures trencades de braços i de cames,
la sagnant geometria de la seva cara,
l'horror de l'últim xoc en la mirada congelada.

En la foscor del bosc,
escampats per terra,
mil bocins de vidre
brillen com estels.
Sota la lluna plena
ha caigut el cel.

Superfícies de metall i de plàstic deformades,
postures trencades de braços i de cames,
la sagnant geometria de la seva cara,
l'horror de l'últim xoc en la mirada congelada.

DOLOR

Ja no trobo fi al meu dolor.
No penso sortir de la meva habitació
ni fingir que m'és igual
ni fer veure que no em fa mal.
Ja no li busco un fi al meu dolor
ni cap sentit ni tan sols una nova solució
que em digui que demà
valdrà la pena,
que em digui que demà
el temps millorarà.

No tinc pressa
per deixar de pensar en tu.
No tinc pressa
per admetre que s'ha acabat
que ja està.

(24 de febrer de 2001)

ELS CRITS

La nina es desperta
pel so del silenci
de l'instant
recent passat.
Cor ple, món buit,
firmaments
com brases
extingits.

I l'angoixa de quan
no ens sentim els crits.

De vegades, quan hi pensa,
es descobreix a ella mateixa
sospirant per ser el forat.
Voldria ser el que falta
o allò que s'obvia.

Amb la ceguesa d'aquells
que fan el sord als crits.

Amb la mateixa mort immensa
d'una llunyana nit d'estiu.
La mateixa mort immensa
d'una joguina al fons d'un riu.

Però sovint, sense adonar-se'n,
bat les ales i al voltant
li creixen mil
milions de flors
fràgils i orgulloses.
L'eternitat és als colors.

Amb la força d'aquells
que fan cançons dels crits.
Amb la força d'aquells
que dels crits fan cançons.

Amb la mateixa llum intensa
d'una llunyana nit d'estiu.
Amb la mateixa llum intensa
de la nina quan somriu.

NO TANT

Tu m'estimes
però no tant.
Jo crec en tu
però no tant.
Ho fem tot junts
però no tant.
Som feliços
però no tant.
Qui sap si tindrem fills.
Jo no en vull tants.
Encara que som junts
i demà potser també,
potser ja som història
o encara hem de viure històries
que cantarem emocionats.
Però no tant.
Li passa el mateix
a aquesta cançó.
Abans m'agradava,
ara ja no.
No tant.

ULL SALVATGE

Ull salvatge, pell de nina,
a la boca un gran fresó
que es trenca en riure
clara i blanca, cabellera
negra, presó.

Penyora, amor, desig,

lila, taronja, flama encesa,
escut d'un últim bastió,
filla brusca, enyorada mare.
Misteri de totes les cançons.

Llum de la meva vida,
petita joia, afilada coïssor.
Llum de la meva vida,
enigma, solució.

Llum de la meva vida.
Mireu com resplendeix
tota la seva foscor!

ORDRE I AVENTURA

A tu que has entès la sola llei i el seu imperi
i que tota mesura ha de ser estranya al seu poder,
hi ha una dama blanca que t'espera ordint el gran
    misteri.
Hi ha una barca amb un rei ferit i pecador
i tot és ordre i aventura.

Si avui et sents sol i creus que has perdut el teu senderi,
ella et pintarà un camí d'argent sobre el mar fosc.
Diu que ella és pura però contamina el teu criteri.
Qui s'hi encomana viurà sempre sota una altra llum.
Entre l'ordre i l'aventura.

COVARDS

Primer va ser la certesa
que, com amb tu, no em trobaria enlloc.
Després em van venir les presses
i et volia sempre a prop.
Sempre he tingut por d'estar sol.

Ara entenc per què et queixaves,
per què vas dir-me que marxés
amb la teva frase preferida:
«Però si l'amor només és un joc!».
Sempre has tingut por del destí.

Encara crec que m'enganyaves
i que mai ningú diu el que sent.
Total, la vida són quatre dies.
¿Per què negar el que és evident?
Sempre he tingut por d'estar sol.

Cada nit que em quedo a casa
i no la passo de bar en bar,
sé que tu segueixes sola
i que, per orgull, no em trucaràs.
Sempre has temut el meu rancor.

(6 d'agost de 1998)

EL CORREDOR

Avui hem tocat a València
i jo em trobava fatal.
M'he oblidat d'alguns versos,
però ara ja m'és igual.
Demà, a Castelló,
segur que anirà millor.
Però la gent no té un duro
i ¿saps què?
    Crec que t'enyoro.

Et deu semblar ridícul
que em posi tan trist,
però és que ho veig tot
tan fràgil...
Si veiessis les cares
que posa la gent
quan toquem «Ull salvatge»!

Crec que els nois
també se senten així.
Hem sigut tan feliços
aquests dos últims dies
que, si la gira durés
cent mil vides o més
i no poguéssim tornar
a casa mai més,
    no sé què faríem.

Hi ha un corredor
que relliga totes les cançons.
Del nord al sud o del sud al nord,
sempre tens el mar al costat.
I quan fa sol i ens espera
una taula parada en algun lloc,
i tenim el cap emboirat
pel concert de la nit anterior,
et podria jurar
que no he estat mai del cel
més a prop.

De vegades, quan entenc
que tot penja d'un fil,
del privilegi o miracle
que em seguiu fent costat,
us ho voldria agrair
amb una cançó.
Però, per no fer tan el pilota,
l'he anomenat «El corredor».

Hi ha un corredor
que relliga totes les cançons.
Del nord al sud o del sud al nord,
sempre tens el mar al costat.
I quan fa sol i ens espera
una taula parada en algun lloc,
i tenim el cap emboirat
per l'alcohol de la nit anterior,
et podria jurar

que no he estat mai del cel
més a prop.

Mai més a prop.

L'ÚLTIMA RESSACA

No penso tornar
a beure mai més.
I així, quan siguem vells,
recordarem el dia d'avui
com la meva última ressaca.

No penso tornar
mai més a aquell bar
on sembla que la festa no s'acaba
fins que l'idiota que escolteu
ja no recorda el que buscava.

T'ho juro com hi ha sol.
O, millor, t'ho juro per la lluna.
Encara no he begut ni gota
i ja són dos quarts d'una.

No penso tornar
a beure mai més.
He vist que ja ningú perd els papers
i sempre em quedo sol, amb tu al mirall,
alçant l'última copa.

T'ho juro com hi ha sol.
O, millor, t'ho juro per la lluna.
Encara no he begut ni gota

i ja passen dos quarts d'una...
Ja passen dos quarts d'una!

EL CAMÍ MÉS LLARG

Diu que està molt cansada de mi,
està molt cansada de mi,
dels meus «ara vinc» i dels meus «ara torno»,
dels «Se m'ha fet tard, així com tan de sobte,
que quan he vist ja l'hora que era
he saltat corrent a dins d'un taxi
però no trobava la cartera i he hagut de...
He hagut de tornar enrere!».

M'ha dit que estava molt farta de mi,
estava molt farta de mi,
i d'aquesta idea que la vida
no és el secret del foc que robes
al pas del temps. No...
Només és la fugida.

N'està fins als collons de tu.

En el camí de casa
qualsevol obstacle em meravella.
El destí és una promesa
i és tan bonic com una estrella
llunyana i lluent,
sobirana i silent.

Fa una eternitat que t'espera!

Diu que quan ja sóc camí de casa
sempre em trobo amb velles amigues
amb qui havíem fet la mili
o compartit una nevera.
Al bar no hi ha cobertura
i jo vaig perdre tot el crèdit
en dir que el següent gintònic
és sempre la millor de les dreceres...

N'està fins als collons de mi.
Potser sí, potser sí,
que n'està fins als collons de mi.

Sempre agafes el camí més llarg
per tornar a casa.
Sisplau, torna a casa!

QUI N'HA BEGUT

Qui n'ha begut
en tindrà set tota la vida.
Qui ho ha deixat
ja no suporta el pas dels dies.

Enganxa més que l'heroïna
i és tan eficaç,
tan eficaç, com l'aspirina.

Diu que et transporta a un altre planeta,
t'inflama el cor amb mil somriures
i del cel fa caure espurnes d'or
per cada moment que tornes a viure.

I ara tu digue'm si és veritat
el que m'han dit que vas explicant.
Diu que tu també ho has provat.
Digues, ¿que ho recordes?
¿O quan ho deixes tot s'oblida?

I ara tu digue'm si és veritat
o tu tampoc saps ben bé de què et parlo.
Digue'm que és veritat.
Digue'm que no pot ser
que això també sigui mentida.

Diu que et transporta a un altre planeta,
t'inflama el cor amb mil somriures
i del cel fa caure espurnes d'or
per cada moment que tornes a viure.

CANÇONS COMENTADES
PER L'AUTOR

I

CERT, CLAR I BREU

Potser tenen raó el Frank i la Nancy i és estúpid dir «t'estimo». En tot cas és molt difícil que soni creïble, tant a la vida com en una cançó. Si no ho dius com i quan toca, quedes com un imbècil. Després hi ha un perill molt pitjor encara. És molt fàcil quedar com un bavós.

¿Per què dimoni, doncs, em vaig ficar en aquest embolic? No en tinc ni idea. Estava enamorat. ¿Però no hauria estat precisament aquesta la millor raó per no fer-ho?

Després de la mort del meu pare vaig perdre una mica els papers. Però també vaig consolidar algunes apostes. Escriure cançons es va convertir en alguna cosa més que un passatemps. Em va ajudar a superar el dol. Vull dir que vaig quedar més íntimament compromès amb l'exercici de compondre. Les cançons em començaven a cantar més elles a mi que no pas jo a elles. Em sentia més despullat, més fràgil, i a la vegada més fort, cada vegada que convertia en cant qualsevol dubte, incertesa o sentiment, per inconfessable que fos. De sobte, si em centrava en l'harmonia, el ritme, l'estructura i les paraules, podia fer surf sobre l'onada d'emocions que m'havien estat ofegant. Ja no em calia fugir-ne espaordit. ¿Per què, doncs, no podia començar pel principi, amb un parell de collons, amb un «t'estimo»?

No recordo com se'm va ocórrer la idea que, en comptes de cantar jo la lletra de principi a fi, la dictaria, verset a verset, amb to quasi marcial, perquè la cantés tot seguit la meva nòvia. Probablement era una estratègia per camuflar el meu «t'estimo» sota la forma d'una ordre. O sigui que de collons, els justos! La Flora, que a casa havia cantat amb tanta seguretat la lletra, davant del micro es va fer petita. Li vaig demanar al Jordi Colomer, que ens estava gravant l'àlbum a l'estudi que s'havia anat muntant al garatge dels pares, que m'indiqués com enregistrar les veus i que ens deixés sols. Després de no sé quantes preses, nervis, insults de la Flora, amenaces meves i esclats de rialles, vam dir al Jordi que ja podia tornar, perquè en teníem una de bona.

D'UN COSTAT DEL CARRER

Deu ser la cançó més documental que he escrit mai. No només hi apareixen la Flora i el nostre primer fill en la peculiar situació en què me'ls trobava cada matí abans d'enfilar cap a la feina, sinó que també utilitzo la disposició de les estances i el trajecte exacte que podria haver fet des del balcó de la casa on encara vivim fins a l'habitació on dormíem. A més a més, la vam incloure al *Set tota la vida* en format demo, tal com la vaig gravar a l'ordinador de casa. O sigui que l'acústica i els ambients sonors de la gravació es corresponen amb la casa que es descriu a la cançó.

M'agrada que a la lletra hi coincideixin i es reforcin mútuament tres trajectes: el pas de la banda de la casa més pública (el balcó que dóna al carrer) a la més privada (el dormitori que dóna al pati interior), el que va del temor a ser abandonat al desmentiment de la sospita i el que va del son a la vigília.

LA TEVA BUIDOR

Vaig trobar una nota al mòbil que deia: «La teva buidor mutant mostrant-me infinites versions del no-res». Entenc que la devia escriure mentre mirava un documental sobre el desert, perquè, de fet, la cançó aplica a tota la creació aquella idea que el paisatge del desert canvia constantment. D'un dia per l'altre, aquelles dunes han desaparegut i ara n'hi ha de noves, disposades d'una altra manera, una mica més enllà. L'endemà, apareix Samarcanda. I un dia més tard, Las Vegas. En algun moment, formen un núvol que sembla un vaixell. I en un altre, sentim un xiscle. Però resulta que només prové d'una cafetera.

Del 2004 fins al 2009 vaig treballar a Barça TV. Les oficines es trobaven sota la segona graderia del gol nord del Camp Nou. Els dies de partit, el neguit de la redacció s'expandia amb la fortor de l'oli cremat fregint botifarres i salsitxes i la remor de la culerada accedint a l'estadi. Però entre setmana, amb les instal·lacions buides, el formigó i el plàstic ho dominaven tot, i les distàncies i les reverberacions augmentaven. Al centre del terreny de joc, hi havia quatre coloms badant al sol, picotejant la gespa segurs que ningú els faria marxar, mentre a les grades els equips de neteja amuntegaven gots de plàstic i escombraries empenyent-los una mica per aquí i per allà amb el bramul ensordidor de les pistoles d'aire.

Els primers anys hi anava sovint en transport públic i recordo que molts dies em desconsolava sortir del metro i anar veient l'estadi davant meu mentre m'hi apropava caminant, durant tanta estona, sense acabar d'arribar-hi mai. És un trajecte, el que va de la Diagonal fins a l'estadi, que, amb tota l'acolorida gentada dels dies de partit, es fa curt. Però si arribes tard a la feina en dia laborable, es fa etern.

Suposo que no arribava tard el dia que vaig pensar que podia ser un destí terrible passar tota una jornada laboral a l'accés 14, amb un tal Miquel. Un infern, sobretot, si el narrador estava enamorat d'algú a qui havien destinat a alguna altra banda.

Probablement no m'estava compadint exactament dels vigilants de seguretat de l'estadi, sinó de

mi mateix. Anys enrere, en una de les meves prime-
res feines remunerades, m'havia passat dos o tres es-
tius comptant els cotxes, les motos, els camions i els
autocars que entraven i sortien d'Espanya per la
frontera de Portbou, el Pertús o la Jonquera. Vuit
hores sol d'una tirada, fotent-me de fred o de calor
segons l'hora del dia o de la nit, veient com la gent
marxava de vacances des d'una merdosa garita
d'alumini i vidre com les que hi ha als accessos del
Camp Nou. Per sort, en aquella època, no recordo
estar enamorat de ningú. Tenia divuit o dinou anys i
m'importava tot un rave.

GUSPIRA, ESTEL O CARÍCIA

Es tracta d'un encàrrec de l'equip que va muntar el
programa *Ànima*, al Canal 33, que em va caure com
anell al dit. Aquella temporada havia estat llegint lli-
bres de, com a mínim, dos dels anomenats quatre
genets del nou ateisme (Dawkins, Hitchens, Sennett,
Harris). La manera apassionada amb què han escrit
sobre els camins extraordinaris que ha seguit l'evo-
lució de les espècies per tal d'arribar a l'ull, per
exemple, o sobre la immensitat de l'univers, crec que
commouria qualsevol tipus de lector. A mi em va
sorprendre la capacitat evocadora i inspiradora que
podia tenir un text de divulgació científica. Per altra
banda, també havia estat llegint llibres d'història de
les religions. Pot semblar una obvietat. Però jo vaig
trigar anys a descobrir la font d'imatges, metàfores

i recursos inesgotable que pot ser aquesta història que, si t'hi pares a pensar, és com una història de la imaginació, a càrrec dels artistes i les ments més brillants de cada època.

Vull dir amb tot això que quan vaig arribar a les quatre, amb una hora i mitja de retard, i en grua, a TV3, on m'esperaven la resta de Mishima sense ungles i l'equip de la Mai Balaguer amb gana, perquè el vell cotxe de mon pare m'havia deixat tirat al bell mig de la Diagonal, ja venia preparat per escriure una cançó per a un programa cultural que es diria *Ànima*.

Dues o tres nits després d'haver-hi donat voltes, recordo haver-me desvetllat de matinada a casa i haver anotat al mòbil «guspira, estel o carícia» amb la sensació que havia trobat alguna cosa. Vam arranjar la cançó molt ràpidament amb la banda i vam dedicar tot el temps que havíem guanyat a volar de nou a cal Paco. Teníem molt clar que el *Set tota la vida* havia definit el so del grup i que també gravaríem l'àlbum següent a El Puerto.

L'OLOR DE LA NIT

Aquesta cançó canta al mateix que canten The Bee Gees a «Night Fever», The Cure a «Friday I'm In Love» i, per què no, Dick Haymes a «It Might As Well Be Spring» o Noel Coward a «Something Very Strange» («Something very strange / Is happening to me / Every face I see / Seems to be smiling / All the songs I hear / The buses changing gear / Suddenly appear / To be beguiling»).[2] Aquell entusiasme incontenible que produeix l'arribada de la primavera o la perspectiva d'una nit de festa. Probablement és l'únic estat d'esperit, o l'únic moment de la setmana, que en realitat no necessitaria himnes, perquè ja ve, de fàbrica, acompanyat de música. M'agrada que la cançó utilitzi l'olfacte, que és el nostre sentit més primitiu, per subratllar que el que se'ns desperta un divendres a la tarda és l'instint animal.

Pel ritme del rascat de guitarra tenia en ment el rock primitiu, que és quan el sexe s'incorpora decididament a la música popular. Amb el Vega vam buscar una *delay* que recordés el de «Mistery Train», d'Elvis Presley. L'harmonia de la cançó és molt senzilla, però els nois ho van saber aprofitar per fer un pas endavant en el treball de les dinàmiques i de la desimboltura que encara no teníem. Recordo l'enregistrament dels solos del Marc i el Vega, amb el Paco i la resta a l'altre costat del vidre de la peixera, animant els que eren a dins perquè s'acabessin d'*engoril·lar*.

LA FORMA D'UN SENTIT

Té molt a veure amb «Cert, clar i breu». No només perquè en la seva primera versió gravada també hi

---

2. M'està passant / una cosa molt estranya. / Totes les cares que veig / em sembla que somriuen. / Totes les cançons que escolto, / els autobusos canviant de marxa, / de sobte sembla que se m'insinuen.

va posar veu la Flora i perquè manifesta una certa resistència a admetre ser una autèntica cançó d'amor, sinó perquè, com passa sovint amb les cançons d'amor, a més de ser-ho, també és una cançó sobre les cançons. Sobre com són, sobre com haurien de ser.[3]

En un article que van tenir la bondat de publicar-me al *Cultura/s* de *La Vanguardia* a finals del 2003 i que portava per títol «The Drifting White Snow», tot citant Nick Hornby, ja donava voltes a aquest tema: «Las auténticas grandes canciones, continúa Hornby, tratan de sentimientos románticos, no porque los *songwriters* tengan nada que añadir al respecto, sino porque la relación amorosa, con sus luces y sus sombras, sus giros y piruetas, sus momentos álgidos y sus caídas, funciona a la perfección como metáfora de la misma música. Permitan que ampliemos la analogía al hecho que, en ambos casos, quien vive un romance o escucha una canción, percibe de manera radical la sensación del paso del tiempo [...], quien lo sufre o añora, lo hace a la luz de temporalidades tan extremas como un "para siempre" o un "nunca jamás"».[4]

Mentre escrivia «La forma d'un sentit», recordo

---

3. Uns quants anys després d'escriure aquestes dues cançons, em vaig dedicar a explorar més a fons aquesta coincidència formal, temàtica i fins i tot històrica entre la cançó com a gènere musical i l'amor romàntic. El resultat va ser el nostre setè àlbum, *L'amor feliç*.

4. Devia fer o faltar poc perquè escrivís «Un altre divendres».

haver pensat en les cançons com en gra: per la seva lleugeresa, perquè necessiten el vent per desplaçar-se i fecundar noves ànimes, i perquè, allà on arrelen, hi esclata novament la vida.

Al local, amb els nois, la cançó va passar de ser una balada tendra a adquirir la rotunditat i la rugositat d'una mena d'himne espellofat. Estàvem una mica decebuts amb la lentitud amb què havíem gravat moltes cançons del *Trucar a casa. Recollir les fotos. Pagar la multa* i la falta de *punch* en la producció. Per al nou disc, volíem sonar més contundents i bruts, i teníem els discos de The Velvet Underground i el recopilatori *Back to Mono*, de Phil Spector, com a referents sonors.

Quan el Paco ens va fer escoltar la salvatge i atapeïda mescla que acabava de fer de «La forma d'un sentit», ens vam acollonir. Però també ens vam fotre calents. Crec que fins i tot el Paco es va sorprendre que la donéssim per bona, així d'entrada. Pensant estrictament en la cançó, potser se'n va ressentir, mesclada d'aquella manera. Però també és possible que la nostra fantàstica relació amb el Paco comencés en aquell precís instant.

NEIX EL MÓN DINTRE L'ULL

Vaig escriure la lletra d'aquesta cançó mentre escoltava una altra música: «Molly», de la banda sonora original de Michael Nyman per a *Wonderland*, de Michael Winterbottom. La pel·lícula m'havia agradat per com generava en l'espectador la sensació que la ciutat no només eren carrers, vianants i cotxes que es creuaven entre llums i reflexos, sinó que també era la dansa de consciències de cadascun dels seus habitants. Les seves pors, anhels i pulsions es trobaven i es confonien, i això generava en l'espectador la il·lusió que la ciutat tenia una consciència pròpia. Vaig escriure la cançó tal com raja, en allò que els anglosaxons anomenen *stream of consciousness* i nosaltres hem traduït com a flux o corrent de consciència. Es tractava de recollir tot allò que em passava pel cap sense censurar les idees ni filtrar-les a través de cap criteri, ni temàtic ni formal. El segon acord de la roda de quatre el vaig manllevar de «God Only Knows», de The Beach Boys, que havíem versionat per a un concert d'aniversari de la revista *Rockdelux*, a la Fnac Triangle. Malgrat tot, i mal que em pesi, el resultat no té res a veure ni amb Nyman ni amb Brian Wilson!

Però hi ha coses a reivindicar. Sempre que la tocàvem als concerts cridava l'atenció pel fet de ser declamada. No cantada, vull dir. I sense cap mena de mètrica. És per això també que és de les lletres que més em costa recordar. Els nois van saber trobar un *groove* molt xulo a la roda d'acords, que podia fer pensar en Stereolab.

De fet, quan vam passar els discos a la Laetitia Sadier per veure si li semblaria bé venir convidada a tocar amb nosaltres al Palau de la Música, hi va veure de seguida l'empremta i va accedir molt amablement a afegir-se als cors.

Vaig escriure la primera frase de la cançó en un tros de paper, encara mig adormit, un matí de dissabte, amb la Flora roncant al costat, el cap com un bombo i un somriure als llavis.

UNA CARA BONICA

Recordo fer-me les preguntes que obren la cançó davant d'un cartell publicitari on es veia gegant la cara d'una noia somrient. No recordo què anunciava, a qui prestava la seva bellesa per fer visible el missatge publicitari, vaja.

Acabava de sortir una mica tort del Vinilo, el bar on anàvem a petar els dimarts i els dijous després d'assajar quan teníem el local al carrer Goya, i ja tornava cap a casa. En aquell trajecte a peu, passeig de Gràcia o Enric Granados avall, hi ha l'origen de moltes cançons de Mishima. Vaig anotar al mòbil aquelles preguntes. Al cap d'uns quants dies o de mesos, qui sap, el mateix matí que les rellegia, havia estat escoltant un MP3 que havia gravat també feia temps amb una melodia taral·lejada que coincidia amb la mètrica del text. Vaig gravar immediatament aquella troballa. En un altre moment, un temps després, vaig acabar la lletra, descartant la model publicitària i adoptant el meu fill Guerau com a objecte i subjecte de totes aquestes qüestions. D'aquesta manera, la primera pregunta passava de ser una reflexió sobre la manipulació a què ens sentim de vegades sotmesos per part de la indústria de la publicitat a ser una pregunta sobre la nostra inevitable tendència a fer porosa la intersecció entre amor, bellesa i veritat.

ELS VESPRES VERDS

Els vespres verds neix de la idea que la vida —com el futbol al llarg d'un partit, com va escriure Juan Villoro— és una cosa que només passa de tant en tant. La resta del temps el passem en una sala d'espera, probablement sentint cançons que parlen de la vida.

Torna a ser una cançó sobre les cançons i els efectes que produeixen en qui les escolta. De fet, inclou una cançó dins de la cançó: «Càlids vespres verds, grocs ho trobes, blaus ho perds...», amb aquest joc d'assignar accions a colors propi de tantes cançons infantils. Quan algú em va preguntar per què el groc i per què el blau, vaig respondre automàticament que era perquè, entre tots dos, feien el verd dels vespres. Uns quants dies més tard, però, vaig recordar que una amiga de la meva dona sovint anomenava els nostres fills amb aquests colors: groc per al Roc i blau per al Guerau.

Vam treure la idea del puntejat agut que de tan repetitiu sembla mecànic perquè en moltes bandes sonores hi és. M'agrada perquè penja sobre la cançó, com una amenaça que no s'acaba de concretar mai. Junt amb la bateria accelerada i una mica caòtica de l'Alfons, acaba conferint al tema una urgència que només es resol en el passatge instrumental i esclata al final amb l'«¿On és el meu amor?».

Un temps després d'haver-la gravat, vaig entendre d'on venia aquesta pregunta que sembla retòrica però que, en realitat, segurament, és la que plantegen —sense pronunciar-la— totes les cançons del món. Em va saber greu, esclar, no haver estat prou original. Però també vaig agrair al Déu dels plagis inconscients que el model que havia triat fos una de les meves artistes preferides, la Chan Marshall, o Cat Power: «Where is my love? / Safe and warm / so close to me / in my arms finally: / There is my love, / there is my love».

NINGÚ M'ESPERA

Després de dos discs gravats amb el Paco Loco, a El Puerto de Santa María, vaig començar a compondre cançons tenint en compte les possibilitats de l'estudi. Mentre escrivia aquesta cançó, pensava en l'harmònium que té el Paco i en la solemnitat una mica descordada que confereix a tot el que hi puguis cantar a sobre.

El Vega va tenir l'encert de proposar un passatge instrumental amb una harmonia que encara fa pujar més la tensió dramàtica del tema.

És l'única vegada que m'han saltat les llàgrimes mentre enregistrava una cançó. Devia ser producte de l'esforç de cantar esgargamellant-me notes tan agudes i durant tanta estona, perquè no va ser fins molt més tard que vaig entendre la lletra que havia escrit. Crec que hi vull descriure aquella sensació de llibertat acabada de conquerir que va sempre acompanyada d'una mica de por. El primer dia que surts de l'escola i has de tornar sol a casa, per exemple. Pànic i entusiasme, tot alhora. Com quan surts de festa per primera vegada, o quan, també per primera vegada, et posen el primer fill als braços. O el dia que dius al teu cap que plegues, que deixes la feina, perquè en realitat vols ser músic.

II

EM DIUS ADÉU

Feia poc que havia vist *Lost Highway*, de David Lynch, i n'havíem parlat amb l'Andrés Hispano. Pintor, realitzador, mestre i vell amic del meu pas per BTV, en sabia un niu, de coses sobre Lynch. De fet, va escriure un llibre monogràfic collonut sobre el cineasta. Llavors vaig sentir «L'échec», una magnífica cançó de Yann Tiersen. Cançó i pel·lícula compartien una estructura narrativa captivadora, que probablement —i d'això me'n vaig adonar uns anys més tard— troba en un conte d'Ambrose Bierce (*Un esdeveniment al pont sobre el riu Owl*) la seva millor versió.

L'estructura del relat és la següent: davant la incapacitat psicològica de fer front a una condemna imminent i terrible, la ment del protagonista construeix una fantasia en el desenvolupament de la qual aconsegueix fugir. Al film, de la cadira elèctrica; a la cançó, del fracàs d'una relació; al conte, de la forca. Els espectadors, lectors i oients ens deixem endur pel subterfugi. I aleshores, en el moment que comencem a relaxar-nos, perquè hem oblidat el mal tràngol de la condemna, nyec, la corda tiba i la digressió fantàstica revela que és això, una digressió, i recuperem la frase principal, que és la de la forca.

No hi ha una metàfora millor del que és la vida. Tots vivim d'esquena al nostre autèntic destí, fins que ens peta als morros. Jo volia representar aquesta metàfora en una cançó que durés poc més d'un minut: el jo que canta no accepta una ruptura sentimental; a través d'un somni, recupera escenes de l'època en què van ser feliços; però, com qui no vol la cosa, també dins el somni, ella diu que marxa.

Uns anys després, l'Andrés em va convidar a acompanyar-lo a entrevistar Yann Tiersen, per a BTV. Quan li vaig preguntar sobre l'estructura narrativa de la seva cançó «L'échec» i l'apassionant coincidència amb la pel·lícula de Lynch, el Tiersen em va mirar com qui mira un hàmster fent voltes en una rodeta i acte seguit em va respondre el que li va sortir dels collons.

L'ESTRANY

Va sorgir arran d'una conversa amb Thomas Diener, gran amic i autèntic personatge de la nit barcelonina de mitjan anys noranta. Des del far dels seus quasi dos metres d'alçada, regentava amb mà de ferro i fetge d'amiant el Barcelona Rouge, la cocteleria on va néixer Mishima.

Jo hi havia treballat de porter, cambrer i DJ, de les

vuit del vespre a les quatre o les cinc de la matinada alguns dimecres i tots els dijous, divendres i dissabtes de la segona meitat dels noranta. Molts dies, hi anava després d'assajar al pis d'Abat Safont del meu amic Julien Guerraz, guitarra francès amb qui havíem format Movie, la meva primera banda.

Com que el Julien havia decidit tornar a França, per no abandonar-me en la més pura intempèrie musical, em va acompanyar a comprar una Juanita i em va dibuixar quatre acords amb llapis en un tros de paper ronyós. Amb els primers dos acords ja vaig compondre la primera cançó. Per sort, no la recordo. Tot i que el que he fet després surt necessàriament d'aquella poca vergonya —digue'n empenta— inicial.

En tot cas, uns mesos després d'haver marxat el meu soci Julien, l'Òscar D'Aniello va venir a punxar al Rouge. Era uns quants anys més jove que jo. Però ja en feia una pila que posava discos, entre altres llocs, a la mítica sala Locualo del Masnou. L'Òscar s'acabava de comprar una caixa de ritmes M303, de Roland, i volia cançons per a les seves bases. D'aquesta trobada entre dos ineptes musicals, al Barcelona Rouge, va sorgir Mishima. Això sí, no podíem haver triat un lloc millor per néixer com a banda. Al carrer Poeta Cabanyes, on encara hi ha el Rouge, hi van passar la infància, i hi van créixer com a artistes, dos monstres de la nostra cançó: Sisa i Joan Manuel Serrat.

Però tornem a «L'estrany» i la seva relació amb el Rouge. Al Thomas Diener, l'amo, sempre li vaig concedir un cert rol de pare espiritual. Era bavarès, un autèntic *hooligan* del Bayern de Munic. De molt jove, havia perdut un germà en un tràgic accident i va sobreviure al sotrac compensant-lo amb una gloriosa adolescència: primer, afegint-se a la *troupe* de Helmut Berger, l'actor austríac, en els seus viatges, festes i orgies per Itàlia, i després, dirigint una revista de rock a Munic. A part de tenir uns coneixements musicals enciclopèdics i fer fora del bar qualsevol client per la raó més inesperada, sempre acabava elevant a categoria moral qualsevol aspecte de la gestió quotidiana d'aquella cova de fum que era el Rouge.

Al bar s'hi podien fumar porros, per exemple. I això que ell mateix els detestava. Però trobava injust i excessivament restrictiu per a la llibertat de cadascú que la marihuana fos il·legal. Envers la resta de drogues, en canvi, manifestava una intolerància absoluta. A més a més, tancava quan li venia de gust. Un dia va fer fora els clients amb l'estrèpit del «Helicopter String Quartet», de Karlheinz Stockhausen a tot drap.[5] I un altre, fent retronar els entrenaments d'un gran premi de Fórmula 1 de l'Extrem Orient, a través dels magnífics i potents altaveus que tenia penjats al sostre. No feia cas de cap ordenança, a l'hora de tancar. Però s'havia gastat una fortuna insonoritzant el local.

Moltes nits —albades, hauria de dir— ens quedà-

5. Perquè us en feu una idea, el primer comentari que hi ha sota el vídeo de la peça de Stockhausen a Youtube, d'un tal Mike Kollarik, diu: «There's never an anti-aircraft missile when you need it» (Mai tens un míssil antiaeri a mà, quan et fa falta).

vem fent un trago abans de recollir-ho tot. I en una
d'aquestes nits, no recordo amb quines paraules,
em va venir a dir que, contra el tòpic del carrer, el
serè i l'ebri eren exactament la mateixa persona, i
que s'havia de ser molt i molt merda per intentar
justificar qualsevol comportament dient que anaves
begut. Vaja, que si eres un bon borratxo, eres una
bona persona.

Un o dos dies després, vaig compondre «L'es-
trany».

AQUÍ HI VA UN DO

Em podria passar la vida assegut a la terrassa d'un
bar, mirant com passen les dones. Nenes, adoles-
cents, joves, adultes o velles. M'és igual. M'agrada
molt. En la meva mirada no hi ha d'haver necessà-
riament un component sexual. Potser perquè només
he tingut germans, les dones sempre han estat per a
mi una notícia, una novetat interessant i estranya
que no em puc estar d'observar. Tinc la impres-
sió que, si m'hi fixo bé, aprendré alguna cosa que
potser per a tothom és evident —perquè han tingut
germanes!— però que per a mi serà una descoberta
revolucionària que em canviarà la vida.

S'han escrit moltes cançons des del punt de vista
de l'observador privilegiat d'una dona que passa.
L'«Helena», de Serrat, per exemple. I esclar, «La ga-
rota de Ipanema», de Jobim.

La cadena d'acords que ja tenia lligada per a

«Aquí hi va un do» em conduïa cap a una melodia que em recordava cançons romàntiques de l'era clàssica, a l'estil de Porter, Gershwin o Cahn i Styne. El jo que canta, doncs, hauria de tenir aquell sentimentalisme una mica distant, quasi juganer, dels estàndards que cantava Chet Baker, per exemple.

LA BRISA

He d'admetre que és una de les lletres més ambicioses que he fet mai. La vaig escriure com n'he escrit d'altres, apostant que, a base d'aportar imatges al voltant d'un mateix fenomen, aquest quedaria més o menys definit, atrapat en la xarxa de significats que hi fan referència i, es tractés del que es tractés (¿el sistema econòmic? ¿l'organització social? ¿la mentalitat de l'època?), el podríem entendre millor.

De vegades em sembla que estic intentant descriure la societat de consum. O potser no tant, només provo de descriure aquella barreja d'entusiasme i angoixa que sento cada vegada que entro en un centre comercial... De vegades crec que la cançó té com a únic propòsit mostrar aquesta paradoxal combinació de necessitat de canviar i resistència als canvis que ens caracteritza com a societat.

No és que el vent dels clàssics de Raimon i de Dylan hagi deixat de bufar amb la mateixa força o estigui amainant en una brisa. Crec que, per parlar del canvi, vaig optar per una brisa perquè volia descriure el ritme peculiar, ni alt ni baix, però sempre exasperant, amb què aquest món on ens ha tocat viure accepta i digereix els canvis i les transformacions.

MENTRE FLOREIXEN LES FLORS

Potser és la cançó que m'ha costat més escriure. De ben segur és la cançó que més cançons conté sota la definitiva. Em vaig sentir obligat a escriure-la, tenint en compte que per a *L'ànsia que cura* havia adoptat com a tema central de l'àlbum el paradís i les versions que ens n'anem fent.

En la tragèdia humana del 3 d'octubre de 2013, a l'illa de Lampedusa, en què van morir ofegades més de tres-centes seixanta persones, van xocar de manera dramàtica dues idees del paradís: la dels occidentals que busquen repòs en platges del Mediterrani i la dels emigrants africans que fugen de dictadures, fam i misèria, per buscar una oportunitat a Europa.

Em vaig documentar molt per escriure sobre el drama. Avui dia, a través d'internet, tenim accés a arxius audiovisuals de tot el món. Vaig veure imatges terribles, sentir testimonis esfereïdors i llegir cròniques de tota mena. En cadascun d'aquests documents hi havia algun element corprenedor al voltant del qual hauria pogut intentar escriure la cançó: dos vaixells de guerra carregaven amb una grua els morts de dos en dos, o de quatre en quatre; una dona jove que es deia Giussy, entre llàgrimes, es lamentava dient que, mentre ella dormia plàcidament, mares i nens s'ofegaven a tres-cents metres de casa seva; es veu que, si no s'hagués alçat un mur a la frontera grega, el flux de migració no hauria conduït tanta gent a provar aquesta arriscada via migratòria marítima; els etíops i els eritreus, abans d'intentar creuar el Mediterrani, ja havien creuat el desert del Sàhara; els eritreus fugien de les lleves forçoses que els obligaven a prestar el servei militar al seu país durant anys en una guerra civil interminable; aquest era un dels motius reconeguts per poder demanar asil automàtic a Suïssa, però feia poc que la instància ja no es podia presentar en cap ambaixada a l'estranger i s'havia de fer directament en territori suís; a Lampedusa feia trenta anys que no hi naixia cap nen perquè havien tancat el departament de maternitat de l'hospital; l'hangar de l'aeroport feia de dipòsit de cadàvers amb els quatre-cents taüts disposats l'un al costat de l'altre; Durao Barroso va dir «una cosa és veure-ho per la tele, una altra és veure-ho aquí»; els taüts dels adults tenien al damunt un pom de flors, els dels nens, un ninotet d'Ikea.

Fins i tot ara, per molt temps que hagi passat, per molt fredament que recuperi la informació, enumerant alguns fets com en un telegrama, em sembla tan bèstia que no sabria com fer-ne una cançó. Els noticiaris tenen la vocació de transmetre a l'espectador la idea que la realitat és una cosa que es pot llegir, que es pot veure i, per extensió, que es pot mirar de comprendre. Ho fan d'aquesta manera tan salvatge: enumerant els fets, mostrant-los. Una cançó, en canvi, rarament obté el que busca només enumerant esdeveniments, si no és, precisament, perquè vol transmetre com n'és d'absurda, l'existència.

El desllorigador van ser dues coses aparentment separades entre si. Per una banda, vaig trobar una meravellosa i molt poètica enumeració d'esdeveniments no connectats entre si al *Tryggdamal*, una molt antiga proclamació de treva, d'origen noruec, que vaig veure referenciada a l'*Homo ludens*, de Johan Huyzinga. Per l'altra, el poema «Musée des Beaux Arts», de W. H. Auden, llegit per ell mateix, que feia un temps que duia al mòbil en format MP3, contenia una reflexió molt poderosa sobre la intel·ligència de Pieter Brueghel el Vell a l'hora de representar la caiguda d'Ícar. Al magnífic quadre, el pintor decideix posar en primer terme un llaurador removent la terra i altres elements de la vida quotidiana en comptes de situar-hi Ícar, que s'ofega davant la impassibilitat absoluta de tothom.

LA VIDA TRANQUIL·LA

«De vegades, en la nit, l'obscuritat i el silenci se'm fan feixucs. És aquesta pau la que em fa por. Temo més la pau que qualsevol altra cosa. Em sembla que només és una aparença i que rere seu amaga l'infern. Penso en el que veuran els meus fills demà. El món serà meravellós, diuen. Però des de quin punt de vista, si només amb una trucada de telèfon n'hi ha prou per anunciar la fi de tot.

»Voldria viure lluny de les passions, més enllà dels

sentiments, en l'harmonia de l'obra d'art reeixida, en aquell ordre encantat. Hauríem d'aconseguir estimar-nos tant com per viure fora del temps. Deslligats. Deslligats (Steiner a *La dolce vita*, de Federico Fellini).

A principis del 2001, tenia vint-i-nou anys. En feia dos que tenia una parella estable. Amb Mishima acabàvem de treure *Lipstick Traces*, el nostre primer àlbum. Però estava deixant una mica enrere la faràndula per dedicar més temps a la feina. Ja feia cinc anys que treballava a BTV i havia aconseguit passar de facturar cada mes en regim d'autònom a ser contractat com a fix. De viure sol en un pis molt petit, fosc i humit a Sant Pere Mitjà vaig passar a viure en un pis gran i lluminós a Sant Pere Més Alt i en parella. Recordo fer la conya que ja només estava a onze o dotze carrers de viure per sobre de la Diagonal!

La nit de l'11 de març, havia de punxar discos al Mond Bar, un local que es trobava a la plaça del Sol, i que crec que va ser la primera pedra de l'efímer imperi Sinnamon. Estrenava una estúpida maleteta per portar les galetes de CD i hi vaig entaforar el bo i millor de la col·lecció de discos que havia anat construint els últims deu anys. N'hi devien cabre cinquanta. Un cop enllestida la sessió i recollida la maleta, vam baixar amb el meu germà Armand i el nostre amic Morrosko Vila-san-juan fins al carrer Còrsega, per veure si compartíem un taxi Pau Claris avall. La conversa es va allargar tant que ens recordo asseguts a terra, en un portal, i aleshores vam veure que un home agredia la seva parella just davant nostre. Ens vam aixecar de seguida per separar-los però, ràpidament, ja hi havia una vintena de persones intervenint en la picabaralla. Quan vam veure que la cosa es calmava, ens en vam desentendre i vam agafar el primer taxi cap avall. Devien ser les quatre tocades quan vaig arribar a casa i em vaig començar a treure la roba amb compte per no fer gaire soroll i no despertar la Laura. Llavors em vaig adonar que m'havia deixat la maleta al fotut portal del carrer Còrsega. Vaig baixar corrent al carrer amb l'ai al cor i vaig agafar un taxi que remuntés el camí que acabava de fer. Les següents dues hores les vaig passar anant d'una banda a l'altra del carrer Còrsega, preguntant a tothom que veia per un grup de noies que, segons el porter de l'Imperator, havien agafat la maleta. No les vaig localitzar mai.

Avui dia, en l'època de la total accessibilitat als fons musicals mundials a través d'internet i els seus serveis, costa d'entendre que perdre cinquanta discos pogués suposar un autèntic drama per a qualsevol melòman. Per a mi ho va ser. I recordo tornar a casa completament abatut, cansat i fastiguejat.

Em vaig ficar al llit totalment emprenyat amb el món. Encara no m'havia adormit quan, de sobte, va sonar el telèfon. Em vaig aixecar d'una revolada. Devien ser les set del matí. Ningú trucava mai en aquestes hores. Era la meva mare. El pare s'acabava de morir.

Hi ha cançons que escrius de manera molt reflexiva, després d'haver-te documentat molt sobre un tema, seient en una cadira i buscant els acords i les melodies que millor s'hi adeqüin. D'altres arriben mentre toques, i les escrius una mica improvisadament, com si fos un joc. Aquesta va començar així.

Però és veritat que també tenia una idea en ment. I és que les lletres de les cançons de blues acostumen a ser molt repetitives. No tenen aquella necessitat d'explicar coses a cada vers ni de sorprendre l'oient amb un gir sobtat dels esdeveniments. Sembla que es resignin a girar al voltant d'un sentiment del qual, de tan profund com el senten, encara no poden desmarcar-se, ni poden mirar-lo amb perspectiva. La cançó mateixa és la vivència del sentiment. No és tan important la informació que s'hi dóna. És a través de les modulacions de la veu, de l'èmfasi que hi posa l'intèrpret i de la dinàmica del conjunt, que la cançó acaba explicant la seva història.

Jo no tenia cap intenció de fer un blues. Però volia provar de fer una cançó en la qual un mateix sentiment fes de centre i motor de tot el text. Només es tractaria d'afegir, vers a vers, una mica més d'informació, aportar alguna pista, algun color, que anés modificant l'abast del drama que ja s'introdueix des del primer vers. De manera que l'últim, «Ella eres tu», sorprengués l'oient per la seva contundència tot i que hi haguéssim arribat molt a poc a poc.

Crec que el fet d'entregar el propi cos per fer sexe quan no se'n tenen ganes és un dels actes més romàntics que pot haver-hi. Però curiosament, almenys que jo sàpiga, s'hi han dedicat molt poques cançons.

UN TROS DE FANG

Sempre he tendit a posar sobre el pedestal les meves parelles. Les compadeixo immediatament, ja des de la primera cita. Trobo que és admirable que m'aguantin. I llavors erigeixo un santuari al seu voltant i accepto que m'esclavitzin. Sobretot he venerat les que em tractaven malament i, fins a un cert punt, em menyspreaven. Potser tinc una certa tendència al masoquisme. Però, possiblement, la cosa no és tan interessant i, simplement, el que em passa és que tinc una certa tendència a fer el calçasses. El cas és que «Un tros de fang», la cançó més popular de totes les que he escrit mai, i em fa por que sigui per això mateix, està escrita des d'aquest punt de vista.

Crec que l'interessant del tema és subratllar que l'amor no ens fa iguals. Ben al contrari, institucionalitza una desigualtat, un desequilibri, en el qual ens sentim còmodes. O potser còmodes no. Però sí que ens hi sentim tractats amb justícia. Com ens mereixem per haver fet cas a l'amor. Va ser per amor que em vaig posar al servei de moltes dones injustes, els vaig fregar els plats, rentar les calces i passejar els gossos.

És clar que, almenys sobre el paper, aquesta desigualtat no és rígida, o no ho hauria de ser, ni hauria de funcionar en una sola direcció. Hi ha moments en què et rescabales de tant llepar el terra que trepitgen. Amb la teva banda de rock, per exemple.

ETERNA COM ROMA

És una de les primeres cançons que vaig escriure en català, inclosa al segon àlbum. Ja hi jugo a crear tensions entre instants i eternitats, per sempres i moments que s'escapen, les temporalitats irreconciliables de la cançó romàntica.

LA TARDA ESCLATA

La vaig escriure com una balada. Recordo que, en alguna maqueta, fins i tot imitava les veuetes en falset de Devendra Banhart, a qui, per cert, no he tornat a escoltar més. Crec que va ser l'Òscar, potser el Vega, que van proposar d'augmentar-ne el tempo. Em va acabar de convèncer l'arranjament al piano del Marc, que convertia el lament inicial de la lletra en una mena de reivindicació orgullosa de les segones oportunitats. Et pots passar dies, fins i tot setmanes, escrivint una cançó. Però llavors arriba un arranjament collonut com el del Marc. I tothom recorda la cançó per l'arranjament.

És la traducció de «Reaching for Beauty», una cançó que tocàvem als primers concerts de Mishima, a finals dels anys noranta. En aquella època m'interessava molt la temàtica lolitesca perquè estava enamorat d'una noia que tenia l'edat del meu germà petit i no em feia cas. És absurd que em trobés comparable al pervertit narrador de *Lolita* perquè amb la Laura només ens portàvem quatre anys de diferència. Però ja feia un temps que em sentia bé escrivint des de la posició d'algú que s'està acomiadant de la joventut —jo estava a punt de fer-ne trenta— i em sentia incòmode pel fet que, com he dit, era amiga del meu germà.

Els versos que donen títol a la cançó —probablement el millor fragment de la cançó: «Em deuria enamorar / perquè de sobte em vaig sentir tan sol»— no hi són, en la versió original.

Sí que en vaig conservar, però, el tema central. És a dir, la transformació d'un esteta en un enamorat, en algú que cau víctima del seu objecte d'estudi. En l'interès per aquesta metamorfosi hi té molt a veure, de ben segur, aquell rodolí collonut que recorda el narrador de Nabokov: «The moral sense in mortals is the duty / We have to pay on mortal sense of beauty».[6]

La Laura es va convertir en la meva segona autèn-

6. El sentit moral en els mortals és el deure / que hem de pagar al sentit mortal de la bellesa.

tica nòvia. Em va ajudar molt a consolidar la meva vocació i va inspirar moltes de les cançons dels primers dos discos de Mishima.

SANT PERE

Vaig compondre aquesta cançó quan encara vivia al barri de Sant Pere. És l'època, entre els vint-i-cinc i els trenta-cinc, i el barri en què probablement vaig ser més feliç. Però també en recordo moments tèrbols, foscos, d'autèntics dubtes i de males baves, discussions i incerteses. Tota joventut ha de tenir els seus punts àlgids i les seves depressions, sovint els uns ben al costat de les altres. Aquest era un d'aquells moments en què, realment, hi havia poques condicions objectives per confiar que l'endemà tot aniria millor. La meva parella en aquell temps era molt inestable. Estava boja perduda. Els seus canvis d'humor m'arrossegaven cap a la paranoia i la depressió. I jo tenia pocs punts on recolzar-me i trobar suport. Em sentia acorralat en una relació que pintava fatal. Devia tenir la necessitat de cantar-me un himne.

III

TORNARÀS A TREMOLAR

El Club TR3SC celebrava un aniversari i el Miquel Curanta, el director, va encarregar al Marc Barrachina, el Facto, de Facto Delafé, que els fes una cançó. El Marc els va dir que d'acord, que ell la produiria però que, si era en català, millor que l'escrigués jo. El Miquel es va posar en contacte amb mi, vam anar a dinar i em va explicar què necessitaven. Recordo que havent dinat, mentre caminava per la Diagonal, ja vaig tenir la idea del «tornaràs a tremolar» com una bona manera de promoure espectacles. És clar que la cançó em va portar cap a una altra banda quan hi vaig afegir el «si no hi ha res etern», perquè introduïa una concepció cíclica del temps i una visió una mica cínica, o com a mínim escèptica, de les possibilitats que tenim de construir coses que perdurin, que ens sobrevisquin. Però vaig pensar que encara podia funcionar per celebrar l'aniversari.

El Marc va afegir unes bases i algun arranjament a la demo domèstica que li vaig enviar i, en aquella versió, es va incloure com a falca per a la ràdio.

No va ser fins al cap d'un any o dos que vaig pensar que era una llàstima que la cançó hagués passat tan desapercebuda. Jo n'estava satisfet. Per això la vaig portar un dia a l'assaig amb els nois. Recordo que només hi érem el Vega, l'Òscar i jo. I que la segona vegada que la vaig tocar, el Vega ja va afegir l'arranjament amb l'elèctrica amb què encara ara la toquem avui dia. De fet, vam començar tots els concerts de la gira de l'*Amor feliç* amb aquella guitarra.

AGUÉEV

Vaig deixar la primera persona que em va animar a fer música, la meva primera autèntica nòvia, la Berta, perquè l'any que vaig viure a França em vaig enamorar perdudament de la germana d'un molt bon amic meu. La Berta ja s'havia instal·lat al pis que havíem triat per anar a viure junts i que jo hauria de pintar de color blanc (trencat amb ocre) quan tornés. Però la vigília del meu retorn a Barcelona, no vaig poder més i li vaig confessar a la germana del meu gran amic que estava enamorat d'ella. Amb un somriure estrany em va respondre que gràcies, i que se sentia molt afalagada.

L'endemà al matí vaig agafar el tren de tornada a Barcelona amb el cor sagnant, la boca seca i les temples bombejant el pastís Ricard amb què havia intentat ofegar la humiliació. Només d'arribar, vaig començar a cobrir les parets humides i mal empaperades d'aquell vell piset del carrer Trafalgar, on ja s'havia instal·lat la Berta, amb capes i capes de pintura de color blanc (trencat amb una mica d'ocre). Però no s'assecava mai. I quan semblava que una part del mur es consolidava, en una altra hi apareixien taques, després escletxes i, finalment, es formaven crostes que s'anaven desenganxant i caient a terra. Era desesperant. A la tarda havia de rascar la pintura que havia posat al matí, mentre responia amb evasives les preguntes cada vegada més inquisitives de la meva nòvia, que amb raó no entenia el perquè de la meva fredor ni el motiu pel qual jo perdia els nervis amb tanta facilitat. Li vaig dir la veritat el primer dia que, mentre parlàvem, vaig deixar de donar-li l'esquena amb l'excusa que pintava i em vaig atrevir a mirar-la als ulls.

Mentre acabava els estudis a França, l'editorial 10/18 havia reeditat *Roman avec cocaïne*, de M. A. Aguéev, una novel·la iniciàtica escrita per un autor rus de qui no es coneixia gairebé res, publicada per primera vegada als anys vint en una revista de literatura russa d'exiliats a París. Cada vegada que s'havia reeditat al llarg del segle xx, reforçava la seva fama de llibre de culte per a cada nova generació d'adolescents francesos, de la mateixa manera que *El vigilant al camp de sègol*, de Salinger, als països de parla anglesa. Em vaig quedar molt impressionat quan la vaig llegir. Tant que, de tornada, vaig emprendre'n la traducció del francès al català. «Aguéev», la cançó, és una frase sencera de *Roman avec cocaïne* traduïda al català.

És quasi un exercici d'estil. Em vaig forçar a escriure una cançó en la qual el jo que canta passaria d'un «sí» a un «no» amb la major brevetat possible. L'eco del clàssic de Raimon és obvi. Però aquí es tractava de deixar dit que, en llibertat, sempre és més difícil dir que sí.

MAI MÉS

Sempre havia volgut escriure una cançó sobre ganduls. Ja de petit, gràcies a una casset de música dels anys quaranta que circulava per casa, havia escoltat «That Lucky Old Sun» milers de vegades: «Like that lucky old sun / give me nothing to do / but roam around heaven / all day».[7]

El desig tan natural de viure la vida sense fotre brot es troba en moltes grans cançons. «Es una lata el trabajar», «Busy Doin' Nothing», «I Ain't Got Nothin' But Time», «Les chiens de paille»... També hi ha el penediment per no haver sabut aprofitar millor el temps: «Good Times», d'Eric Burdon & The Animals. Molts d'aquests temes se citen en diferents moments de la cançó.

També, arran de centrar *L'ànsia que cura* en les diferents imatges i visions que tenim i ens formem

---

7. Com a aquest vell sol afortunat / no em facis treballar / i deixa'm vagar pel cel / tot el dia.

del paradís, vaig pensar que havia arribat el moment de tractar el tema. A més a més, ja feia quatre anys que em dedicava exclusivament a fer de músic. Tot i la inestabilitat econòmica que comporta aquest ofici per a qualsevol pare de família, segueixo tenint la sensació que és un autèntic privilegi haver pogut deixar enrere l'època en què combinava la música amb el treball assalariat i els horaris d'oficina. És veritat que em costa molt arribar a final de mes. Però també em costa molt menys sortir del llit cada matí!

DESPERTES L'INÚTIL

En més d'una cançó del disc *Set tota la vida*, donava voltes a la lògica de funcionament de l'addicte, a l'esquema mental de tot aquell individu que organitza la seva vida al voltant d'un sol propòsit, que és l'obtenció de plaer, la recerca desesperada de la satisfacció dels propis desitjos. És clar que en aquesta categoria no només hi hauríem d'incloure els drogodependents. Tota la nostra societat, d'una manera o d'una altra, hi està bolcada.

No només l'addicte vol retrobar la pau que hi ha en el simple fet de deixar-se anar, de deixar de ser responsable, de deixar de ser ell mateix. També el jove a qui tothom pressiona perquè adquireixi ràpid el sentit de la responsabilitat. O l'afligit per una pena terrible, perquè necessita escapar urgentment de la seva aflicció. O aquell que ha caigut víctima d'un desig incontrolable, d'una passió que el devora. Ens sembla lògic pensar que l'addicte, tot i voler desaparèixer, també vol seguir viu. Com la resta dels mortals, és un supervivent que ha de conviure amb les seves pròpies febleses. I a «Despertes l'inútil» s'hi adreça directament, les encara, tractant la droga de tu a tu, per retre-li comptes.

UN ALTRE DIVENDRES

És una cançó molt senzilla. Però és una de les cançons de què estic més content. La puc tocar sol amb la guitarra i no hi trobo a faltar gaire cosa més. I això em passa amb molt poques cançons. A l'època en què la vaig compondre, escoltava molt els dos primers discos de Tim Hardin. De tant en tant encara els recupero. I sempre em produeix un plaer enorme.

Quan torno a sentir «Un altre divendres», de seguida em sorprèn sentir que encara no ens havíem acomiadat de la caixa de ritmes. La nota greu de piano, exercint de baix, quan entra la tornada, és una influència clara dels discos produïts per Rick Rubin de Johnny Cash. La trompeta del Xavi Tort és molt xula. I la veu de l'Helena Miquel, amb aquell timbre tan gèlid que té, com si fos la veu d'una dona d'aigua, aporta a la cançó, que vam gravar al Masnou, un element oníric. ¿La meva veu? Buf! Si pogués, agafaria una màquina del temps i amb males paraules fotria fora de l'estudi el cantant... I la tornaria a gravar!

Una nit, al llit, quan devia tenir tres o quatre anys, el meu fill gran, Guerau, em va preguntar on era el meu pare. «Al cel», li vaig respondre amb una certa incomoditat. Però amb això no en va tenir prou: «¿I com s'hi aguanta?».

El Guerau va néixer a finals del 2004. I el Roc, l'estiu del 2009. Entre aquestes dues dates vaig compondre el gruix d'*Ordre i aventura*. Crec que és per això que em van sortir unes cançons que manifesten una certa inquietud en el pla espiritual. Jo tenia unes llacunes immenses de cultura general pel que fa a la religió. El meu pare no era creient. I la meva mare, com cap dels seus fills, ni tan sols està batejada. Imagino que un s'avança a les preguntes incòmodes que li faran els fills. Perquè en aquesta època vaig llegir molts llibres de divulgació científica i de temàtica religiosa.

«Deixa'm creure», com fan sovint moltes cançons, juga a confondre l'objecte d'adoració del jo que canta. També deu ser que els que no tenim fe sovint la trobem a faltar i l'apliquem una mica a la babalà en altres coses.

EL PARADÍS

És la cançó que va fer de pont entre *L'amor feliç* i *L'ànsia que cura*. La vella copa buida en què s'havia convertit la meva creativitat ara s'omplia d'un nou vi, molt probablement perquè el paradís, com a fil conductor, m'oferia sortides a la temàtica sensual de *L'amor feliç* i a l'espiritual d'*Ordre i aventura*. Però, és clar, si fem cas del fet que, com també diu la cançó, no hi ha amor al paradís, la cançó romàntica quedava una mica proscrita al disc... «Llepar-te» i «Aquí hi va un do» serien les úniques cançons d'amor de *L'ànsia que cura*.

NO ET FAS EL LLIT

Una col·lecció de retrets absurds a la persona estimada que ens ha abandonat poden revelar que encara no ho hem acceptat, que tenim una mentalitat obsessiva i, finalment, que potser ens falta un bull, si resulta que l'únic tracte que havíem tingut amb aquesta persona estimada és el que s'estableix entre un cambrer i la senyora a qui servíem un cafè amb llet cada matí.

L'OMBRA FEIXUGA

Com «D'un costat del carrer», «L'ombra feixuga» és la història d'una por, d'una amenaça o d'un vertigen. Però aquí, en comptes d'il·lustrar-la estenent-la tot al llarg de la planta d'un pis, vaig fer que arribés i s'expressés a través d'un diluvi.

M'agrada que, a la tercera estrofa, el narrador s'enfili i viatgi amb la pluja, des de la teulada de la casa on es troba fins a la finestra del pis de la persona estimada a qui tem perdre.

La feina a les percussions que va fer l'Òscar, creant un ambient humit al voltant de la veu, em continua semblant una meravella.

EN ARRIBAR LA TARDOR

Tu eres un ase i no t'havies plantejat mai tenir fills. Fins que va arribar una dona més llesta i valenta que tu, lliure i esbojarrada, sí, però que t'estimava tant que te'n va donar un. Tu has après a estimar-lo, a poc a poc, i això t'ha fet madurar. T'has fet gran. Però potser massa, perquè ara sembla que tinguis por de tot. Voldries oferir al teu fill l'estabilitat, la seguretat i la tendresa que fa dos dies et semblaven insuportables i avorrides quan les veies en els altres. Ara ella ja no t'aguanta. Vol continuar sent lliure i viure amb intensitat la vida. I potser, també, la pobreta, encara no sap què és estimar. O *L'estiu amb Monika*, d'Ingmar Bergman.

VINE

Vaig escriure una cançó fa molt de temps que incloïa aquests versos en la primera estrofa. La vam estar tocant un temps als assajos. Potser, fins i tot, en algun concert. Finalment la vam descartar. I un dia, al cap d'uns anys, en un assaig, l'Òscar va recordar aquesta primera estrofa i em va exigir que en féssim alguna cosa. Li vam fer cas. Es va convertir en una cançó brevíssima. Crec que ha trobat la seva millor versió en la gira de *L'ànsia que cura*, molts anys després.

IV

EL QUE EM VAN DIR

Si poguéssim reunir tots els consells que ens han do-
nat al llarg de les nostres vides en una sola cançó,
potser no acabaríem d'entendre com es fa volar un
estel ni com s'atrapa un insecte ni com es munta a
cavall ni com s'aprèn a estimar o com s'educa un fill.
Però potser hi podríem sentir la veu del pare, la can-
çó de la mare, de l'avi, del mestre o de l'amic.

LA VELLA FERIDA

M'agrada molt aquell recurs dels narradors que con-
sisteix a fer que un element aparentment insignificant
del relat esdevingui central per acabar d'entendre el
comportament d'un personatge. El protagonista cau
ferit en la primera escena i tot al llarg del relat, al
costat de les vicissituds que viu el personatge, tenim
la ferida que va creixent, o transformant-se, fins que,
al final, reclama el seu protagonisme i fa que l'heroi
mori, es curi o simplement s'hagi d'aturar. Russell

Banks, l'autor d'*Aflicció*, per exemple, pot fer que una càries no intervinguda a temps acabi fent caure el seu personatge en la bogeria més extrema.

Vaig escriure «La vella ferida» amb la idea que la nostra ferida més vella potser és la boca. L'única manera que no cicatritzi consisteix a fer-la cantar de tant en tant.

TOT TORNA A COMENÇAR

Les primeres cançons dels nostres discos, ara que ho veig amb perspectiva, al costat del seu significat més evident, també han fet referència, d'una manera més o menys directa, al moment que estàvem passant com a banda o a l'estat de la meva vocació i les meves energies com a compositor. Si la vella ferida em tornava a sagnar, per exemple, també és perquè tornava a tenir ganes de cantar.

Uns quants anys abans, després de gravar i fer girar el *Set tota la vida*, vaig sentir, per primera vegada, una certa sensació de buit. El disc havia tingut força repercussió. Vam créixer molt com a conjunt, en part, gràcies a l'experiència de gravar-lo a Cadis amb el Paco. Però jo n'esperava més.

Havíem fitxat per Sinnamon, un segell petit, però que tenia com a principal atractiu la possibilitat de situar-nos en un ecosistema de bandes de primera fila internacional gràcies als festivals que muntaven.

El Vega i jo, per exemple, vam poder presentar-lo en format acústic en una gira fent de teloners de Spiritualized. I el concert que vam fer ja amb tots els músics, al recinte del Fòrum, al festival Summercase, va ser molt important en la història del nostre reconeixement com a banda.

Però jo estava convençut que havíem fet un gran disc, rigorós des del punt de vista artístic i amb les millor cançons que jo havia escrit mai en català. Però el país ni tan sols se n'havia assabentat.

«Tot torna a començar» és una cançó sobre els possibles orígens de la fe. De la fe religiosa, si voleu, o de la fe en els altres. Però també de la fe en un mateix, en la pertinència que podia continuar tenint per mi i els nois seguir endavant amb el projecte.

NO OBEIR

Vaig començar a escriure aquesta cançó sense saber gaire bé cap a on em portaria. En un principi, volia que la cantés una veu femenina, que posés en escena el desig sexual i que fes referència a una relació il·legítima. Un cop enllestida, i cada vegada que la canto en directe, penso que parla sobre la relació que establim els músics amb el públic. «Si véns a ballar amb mi, aquesta nit...». Ho compartim tot menys el tacte, ens entreguem en cos i ànima i ens manifesten de retorn tot l'afecte del món. Però és un espectacle.

Hi ha molt bones cançons que no acaben de resoldre mai el tema del qual parlen. Només capturen l'enigma, el dilema, el misteri. És el tipus de composició que m'agrada.

La natura ens condemna al desig, la cultura a la mo-
nogàmia. El temple és una cançó que se suma als
vint-i-cinc milions de cançons que fiquen cullerada
en aquest debat interminable entre cos i ànima. No
per res. Però com que de ben segur l'haurà de supor-
tar en les pròpies carns cadascuna de les ànimes amb
cos que neixin, s'intentin reproduir i morin fins a la
fi dels temps, millor que, de tant en tant, algú hi posi
música.

A Mishima ens ha servit molts anys de quarta
cançó, als concerts. Després de les tres primeres,
normalment més rotundes quant al so, arribava «El
temple». La tocàvem tan buida i tendra, tan escassa
de recursos instrumentals, que semblava que anés
mig despulladeta. A més a més, a la primera tornada
jo sempre em quedava sol cantant en falset «què en
farem del desig...», com un escolanet. Llavors, toqués-
sim on toquéssim, si encara hi havia algú xerrant,
callava, com per una mena de respecte religiós.

ELS VELLS HIPPIES

Vaig escriure «Els vells hippies» al mòbil, una nit
d'estiu i de copes amb la Flora, en una terrassa a
l'Ametlla de Mar, sota la mirada tan bonhomiosa
com emprenyadora d'un autèntic vell hippy francès
amb qui, tot sigui dit, al cap d'una estona, vam aca-
bar explicant-nos les vides i rient a cor què vols. El

joc consistia a posar en evidència l'artificiositat que adquireix tota posició fixa en temes de sexe: qui creu en l'amor lliure cau en una convenció i, per tant, una impostura quasi tan gran com qui té una fe cega en les virtuts del matrimoni.

En realitat, el tema no ens venia de nou. Recordàvem perfectament aquella mena de druides elegants i bronzejats, hippies centreeuropeus que viuen tot l'any a l'illa de Formentera, on la Flora i jo vam tenir l'encert de passar el primer estiu junts. Amb un cert menyspreu envers tota mena de signe occidental, se senten curiosament compel·lits a acudir puntuals, cada dissabte a la nit de l'atabalat mes d'agost, a la Fonda Pepe de Sant Ferran, per llançar mirades desdenyoses als joves italians, tan frívols, cridaners i materialistes, mentre es reserven els esguards més sensuals, tendres i lascius per a les igualment frívoles, cridaneres i materialistes joves italianes.

Hi ha noies que m'han dit que no els agrada l'expressió «¿Per què no li deixes la dona tu?», al final de la cançó. La troben masclista. Tenen tota la raó del món, perquè ho és. Però el jo que canta «Els vells hippies» no només és masclista i ha desenvolupat un sentiment de propietat envers la seva dona, sinó que també manifesta prejudicis pel que fa a les drogues o a la higiene dels hippies, amb l'estretor de mires pròpia d'un petitburgès que de seguida se sent amenaçat per qualsevol cosa que no consideri normal. L'única manera de crear un cert efecte humorístic era contraposar dues caricatures, fer dialogar dos personatges que complissin rigorosament tots els estereotips.

A finals de l'any 2002, vaig escriure un article per al suplement *Cultura/s* de *La Vanguardia* on reflexionava sobre l'evolució del flashback en la història del cinema. Me'l van publicar el 29 de gener de 2003 amb el títol «No me acuerdo...». En realitat, el títol original era «No me acuerdo de olvidarte». Però seguramente, per qüestions d'espai, van decidir abreujar-lo.

Em sembla evident que l'interès per la relació que establim amb els nostres records i la manera que tenim de representar-los provenia de la mort recent del meu pare. Em va sorprendre, per primera vegada a la vida, entendre que la memòria no és un mecanisme que obeeix submissament la nostra voluntat; sinó que sovint actua de manera independent i fins i tot capriciosa, proposant-nos records que potser no ens ajuden a acabar el dia amb el millor dels humors.

OSSOS DINS D'UNA CAIXA

És la història d'un bar de barri, dels seus personatges, creada a partir dels records que tinc dels bars on he passat més hores. Molts d'ells són gent que ja no sé on paren, què se n'ha fet. Però en recordes alguna peculiaritat grotesca, un debat encès o una sortida que et va fer riure. Tampoc vas saber mai com eren a casa seva, en família, ni a què es dedicaven. Per tant, la imatge que en tens és necessàriament parcial o injusta. Però recuperar-los de l'oblit així és una bona manera, encara que gens espiritual, crec, de fer referència al més enllà, perquè probablement també és la manera com ells ens recordaran a nosaltres.

L'ELEMENT DEL PAISATGE

M'agradaria poder dir d'on surt aquesta cançó o cap a on apunta. Però és d'aquelles que, simplement, surten. La vaig escriure en una tarda i la vaig gravar i enviar als nois uns quants dies després. Estava clar que no la inclouríem a *L'amor feliç*. Però per tancar *L'ànsia que cura* era perfecta, perquè sembla desmentir la urgència amb què ens vam imposar fer-lo.

COM ABANS

Sovint, en sortir del Kentucky, a principis de la dècada dels noranta, quan remuntàvem les Rambles amb el meu amic Marc Montanyès —ja quasi de dia, però encara amb tota la castanya— jugàvem a fer volar els coloms, en el sentit literal, picant de mans. Vam començar a fer el mateix amb la pobra gent que matinava, pensant que potser ells, junt amb tota la gent que matina, junt amb els anys en feines de merda que ens esperaven, també fugirien volant i ens podrien deixar seguir fent l'ase. La nostra peculiar manera de fer volar coloms, en el sentit figurat.

M'he passat molts anys, en diferents èpoques de la vida, pujant i baixant del barri de Gràcia. Però sempre hi he anat a fer més o menys la mateixa cosa, a passar-hi una molt bona estona, sopant, de copes amb amics, al cinema o fent música. Hi hem tingut el local d'assaig, ha estat el barri de residència de molt bons amics, hi hem fet alguns dels nostres millors concerts i va ser el primer barri de Barcelona on vaig començar a sortir de festa. Ocupa, com quasi cap altre barri de Barcelona, una lloc privilegiat en la meva memòria i en la de molta gent de la nostra generació.

HA ARRIBAT L'HORA

Vam enregistrar aquesta cançó per encàrrec del disc recopilatori *Made in BCN* (K Industria, 2005). Tot i haver passat bastant desapercebuda, amb perspectiva, crec que ha estat una cançó molt important per a Mishima. Després del *Trucar a casa. Recollir les fotos. Pagar la multa* vam veure cap a on podia evolucionar el nostre so. També, pel que fa al funcionament intern, hi descobrim una manera d'arranjar plegats fent pinya a partir i a favor dels textos. Per part meva hi ha una aposta explícita per un estil concret de català que es fa evident amb la cita o apropiació dels versos del poema «Dóna'm la mà», de Salvat-Papasseit.

V

JA NO TANCA ELS ULLS

Feia molt temps que volia escriure una cançó amb un accident. Volia que incorporés molts elements aparentment contradictoris entre si. Sense negar ni defugir l'evident duresa del drama, transmetre una certa sensació de pau, que permetés enlairar-nos poèticament i agafar una certa distància. Tampoc volia renunciar a l'escabrositat, a la grotesca sensació de caos i d'estricta materialitat que desprenen els cossos sense vida. També es tractava de reivindicar la sensualitat que la nostra cultura ha atorgat sempre a la mort prematura dels amants. Vaig fer servir crosses evidents: Lynch, Ballard i un narrador tan omniscient i tan mort com el que van crear Billy Wilder i Charles Brackett per a *Sunset Boulevard*.

DOLOR

Volia fer una cançó molt senzilla, molt pop i lluminosa, però a partir d'un sentiment més aviat sinistre.

El jo que canta es resigna al dolor que l'afligeix. Fins i tot, el reivindica, amb una mena d'orgull inexplicable. Segurament s'entén millor al disc, on la cançó quedava emmarcada pel so d'una veu femenina que feia de contestador automàtic. D'aquesta manera, semblava que la lletra de «Dolor» era el missatge que el jo que canta havia deixat a l'ex.

ELS CRITS

Diuen que a cada època li correspon una malaltia mental. Per justificar que l'angoixa és la malaltia de la nostra època, els experts acudeixen a la combinació letal de l'exercici de la lliure voluntat al costat de la falta de referents i de certeses absolutes. Fins i tot a la Viquipèdia es reconeix que l'ansietat és la patologia més comuna entre les persones que van a l'atenció primària.

He tingut parelles, amics i coneguts que n'han patit. I hem hagut de superar plegats més d'una crisi d'angoixa. El repte, en escriure aquesta cançó, era intentar transmetre a l'oient, a base d'imatges, aquella sensació de profunditat en la buidor, el vertigen que produeix el no-res en les víctimes d'un atac de pànic. I alhora, i crec que això era el més difícil, donar a entendre que la sensació d'angoixa sovint se supera de manera aparentment capriciosa. Potser és perquè rere aquesta mena de crisis hi ha sempre algun desequilibri químic que no obeeix a gaires arguments racionals o objectius que es puguin atacar. Però quan les crisis es resolen, sempre sorprèn, a ulls de qui hi atén, la sobtada rapidesa amb què s'esvaeixen. De vegades, sembla que només es tracti d'il·luminar bé l'estança, tancar la finestra i córrer la cortina, per allunyar la tempesta de llamps i trons que s'ha desfermat a fora.

NO TANT

De vegades penso que per compondre bones cançons cal aprendre a gestionar bé el que en cinema es defineix com a fora de camp. «Si está bien», de Los Planetas, és un molt bon exemple per entendre el que vull dir. La cançó gairebé només va repetint la frase següent: «Si está bien, si es tan fácil, ¿por qué me siento así?». Ho fa amb una intensitat tan forta que l'oient no dubta en cap cas de l'autenticitat d'aquell sentiment. No només això, sinó que se'l fa seu i se l'aplica a qualsevol circumstància de la seva vida. Però el cas és que el J, compositor i cantant de Los Planetas, no ens diu ni què és el que està bé, ni què és el que és tan fàcil ni, exactament, en què consisteix sentir-se així.

«No tant» juga amb aquesta mateixa tècnica d'una manera gairebé exasperant, per demostrar que una relació ha entrat en una fase de decadència.

Crec que va ser una cançó premonitòria de la separació amb la Laura. En ple dol per la mort del pare, em recordo necessitat d'emocions fortes que poguessin suplir la profunda sensació d'abandó que tenia. I la nostra relació ja s'havia assentat en aquella calma per altra banda tan desitjable quan les coses van bé.

Sense ser-ne plenament conscient, sí que recordo entendre que hi havia una certa injustícia en la unilateralitat dels sentiments expressats pel jo que canta. És per això que vam veure la necessitat d'acudir a una veu femenina que li fes de contrapès. Vam tenir l'encert de demanar-li a la Marina Rossell que hi cantés i ella va tenir la gentilesa de prestar-s'hi en un moment en què quasi ningú havia sentit a parlar mai de Mishima.

ULL SALVATGE

Em vaig imposar fer una llista dels atributs de la persona que estimo, però també de la persona que podria estimar, entenent, d'entrada, que és una feina impossible. Crec que és precisament d'aquesta impossibilitat que neix l'atracció entre dues persones. El fet de veure en l'altre quelcom d'inesgotable. Però també d'indesxifrable, d'indomesticable. El que hi ha de salvatge en l'ull, vaja.

Alhora, de vegades també penso que, al final de tot, en l'última foscor de la nineta dels ulls de la teva estimada, hi ha la foscor d'un mirall que no et reflecteix. I és possible que l'únic misteri sigui aquest: el que et recorda que, en definitiva, per molt que l'estimis, aquesta persona mai serà del tot teva. Mai seràs tu. Per molt que ens estimem, continuem estant sols davant el nostre destí.

Com ja he comentat per a «Deixa'm creure», l'any 2009 havia de néixer el Roc, el nostre segon fill, i devia ser per això que em va entrar una fal·lera sobtada per llegir llibres de divulgació científica i de temes religiosos. La *Història de les religions* de Mircea Eliade o *The God Dellusion*, de Richard Dawkins, per citar-ne dos. Les cançons del cinquè àlbum anaven quedant empeltades d'aquestes inquietuds mundanes i espirituals. Mentrestant, a la feina, enllestia la sèrie d'entrevistes a exentrenadors del Barça en la qual havia estat treballant els últims dos anys: *Recorda, Mr.* Llavors vaig tenir la sort d'entrevistar Cesar Luis Menotti, el més llegit i eloqüent de tots ells, a Buenos Aires. Entre altres coses, em va dir exactament això:

«Borges, cuando le preguntaron sobre literatura, dijo que era "orden y aventura". Bueno, el futbol es eso. Para poder ser un aventurero en el futbol hay que estar sostenido por un orden y también por una libertad que el entrenador le dé para que pueda crear y equivocarse».

El punt de partida de la cançó, doncs, va ser aquest, tan atzarós i trivial com pugui semblar. Però a mesura que passaven els dies i anàvem perfilant el que hauria de ser el cinquè àlbum de Mishima, em vaig adonar que en la tensió entre l'ordre i l'aventura s'hi podia contenir tot i, a la vegada, identificava molt bé els punts cardinals de la meva recerca. Sobretot en un àlbum on, d'alguna manera, em preguntava quina espiritualitat podia tenir algú com jo, que no hi acaba de creure.

Finalment, també penso que «Ordre i aventura» és bàsicament una cançó sobre la lluna, com a astreguia dels desheretats, una mica com ja ho era a «Moonriver».

COVARDS

És una de les primeres cançons que vaig escriure en català, encara sota l'influx evidentíssim del J de Los Planetas a l'hora de construir les frases i, siguem francs, fins i tot en la manera de cantar-les. Hi descric el camp de batalla que van deixar els primers flirtejos i escaramusses amb la Laura, la meva segona parella formal. El títol, esclar, fa referència al clàssic de David Bowie, amb la idea de manifestar que, en aquest cas, els amants no havíem sigut exactament uns herois.

EL CORREDOR

«Stay» de Jackson Brown, «Danny Says» de The Ramones, «Ma plus belle histoire d'amour» de Barbara o «Lover I Don't Have to Love» de Conor Oberst són cançons que parlen del fet d'estar de gira, de les sensacions úniques que vius damunt d'un escenari i de la peculiar relació que estableixes amb el públic. «El corredor» s'apunta a aquesta tradició per agrair a tothom que ens ha permès, que m'ha permès (perquè els nois de la banda també m'ho han permès), viure-ho.

Gràcies, doncs, al públic que ens ha donat suport al llarg de tots aquests anys de carrera. Però també al Julien Guerraz, al Bernat Liso, a l'Alfred Quintana, al Cristian Aloy, al Marc Lloret, a l'Òscar D'Aniello, al Dani Acedo, a l'Antuán Duanel, al Dani Vega, a la Merche Rosales, a l'Alfons Serra, al Xavi Caparrós, a la Lídia Vinyes, a l'Elvira Jiménez, a la Sara Fontan, a la Bjort Runarsdottir, al Pablo Fernández, a l'Ariadna Rodríguez i a la resta de músics amb qui he tingut el plaer de tocar aquests anys, per haver pogut compartir amb vosaltres moments inoblidables dalt d'un escenari.

L'ÚLTIMA RESSACA

Feia temps que volia escriure una cançó que comencés amb la frase que els bevedors ens repetim i ens repetirem sempre l'endemà d'haver begut en excés: «No penso tornar a beure mai més». La resta de la lletra em va sortir sense gaire esforç. Però sí que recordo no haver tingut solucionat el vers que precedeix la segona tornada fins a cinc minuts abans de gravar-lo. «No penso tornar mai més a aquell bar / on sembla que la festa no s'acaba / fins que l'idiota que escolteu... no faci què?», m'havia estat preguntant tot el dia i part de la setmana.

Amb el Paco havíem quedat que, després de dinar,

el primer que faríem seria gravar la veu de «L'última ressaca». Tot i les meves reticències, vaig haver d'admetre que ja no teníem gaire més temps. Mentre els altres dinaven i reien a la taula amb el Paco i la Muni, jo em vaig tancar a l'habitació per mirar de trobar el que en realitat busca qualsevol borratxo, el seu objectiu central. Crec que la vaig encertar. «Fins que l'idiota que escolteu / ja no recorda el que buscava». Un borratxo vol oblidar-ho tot. Fins i tot, que beu per oblidar.

EL CAMÍ MÉS LLARG

L'argument central de l'*Odissea* d'Homer, la seva columna vertebral, ha inspirat moltes i molt bones cançons. Em refereixo al que diu que els homes vivim les nostres majors aventures, postergant, per moments, el camí de tornada a casa. Kiko Veneno, a «Volando voy», ja ens introduïa en la versió més canalla d'aquest argument: «Volando voy / Volando vengo / Por el camino / Yo me entretengo». Tom Waits, a «Long Way Back Home», hi insistia. «El camí més llarg» afegeix mòbils i gintònics a aquesta tradició i fa ressaltar les penques del narrador a través d'un cor que pren el partit de la dona que espera, Penèlope: «N'està fins als collons de tu!».

Quan la fem en directe, és fantàstic sentir el públic confirmar el que diu el cor i cantar amb ell ben fort a l'uníson aquesta frase. És per això que hem acabat quasi tots els concerts de les últimes dues gires amb aquesta cançó.

T'arriba un moment a la vida, quan ja ha passat el primer esclat de foc, la primera explosió d'urgència, en què preguntes objectivament al teu desig d'on surt, què vol i què n'espera de tu. És el moment en què t'adones que probablement no esteu fets de la mateixa pasta, en què comences a témer que potser no sou la mateixa persona, el teu desig i tu, perquè sovint tibeu en direccions oposades. Perquè, en definitiva, ¿qui te la va ficar a dins, aquesta set, aquesta ànsia? Tu no vas triar mai desitjar d'aquesta manera. ¿Vols dir que no hi era abans que tu, el desig? ¿Vols dir que no ets tu, l'accessori? ¿I que ell és el fonamental, l'imprescindible fuel de l'existència? La vida ens precedeix, el seu afany immortal de supervivència, aquesta força natural. Finalment, nosaltres som éssers morals. Creem i ens creiem la fantasia que hem vingut a decidir. La vida només vol sobreviure. I nosaltres només som gerros que la contenim, durant un breu lapse, fins que, de tant bregar-hi, ens esberlem.

EPÍLEG PER A LA MÀ ESQUERRA D'UN DRETÀ O LA MÀ DRETA D'UN ESQUERRÀ

SERGI PÀMIES

Frederic Mompou escriu un preludi per a la mà esquerra i algú es pregunta què fa mentrestant amb la mà dreta. Les idees s'interpreten i els buits d'ignorància s'omplen amb més ignorància. A Yukio Mishima li hauria agradat ser més alt però de tant mirar-se al mirall va desenvolupar una variant megalòmana i militaritzada de paranoia. Igual que les cançons, les vides també s'interpreten i els buits d'ignorància s'omplen amb documents que, ordenats com els ingredients d'una recepta, poden adquirir categoria de biografia i una imprevista coherència cronològica. En el bosc de referències les aparences enganyen: el Mompou manxol pot inspirar més biogràficament que musicalment mentre que l'esteta japonès ebri de superpoders imperials acaba sent, per eliminació, influència sonora. Proveu de dir Mishima en la intimitat i notareu la vibració d'un nom que és simultàniament musical i sensual, seductor i tràgic, caramel i ferida.

Tot això ve a tomb del que estem disposats a fer per fingir que es pot escriure qualsevol cosa sobre cançons, com si les cançons no s'haguessin escrit precisament perquè ningú no hagués d'escriure'n res (ni interpretar-les biogràficament, ni rebregar-les amb la mà esquerra del pianista i la mà dreta ocupada per l'espasa que culmina el ritual de la decapitació, la forma més radical de superar una ressaca o un d'aquests amors que mai poden ser feliços). Dels Mishima musicals en sé menys que del Mishima escriptor però, en la intimitat, les seves cançons destillen una virtut insòlita: en comptes de fer ballar el cos, fan ballar el cap. Per simplificar i no obstaculitzar l'efecte més immediat de les cançons i no contradir l'aurèola seductora dels músics (que tantes vocacions musicals justifica, especialment a partir de les dues de la matinada), sovint se subratllen els sentiments i les emocions com si no fossin la conseqüència d'una idea (abstracta o figurativa, aquesta és una altra història).

Idees que et poden passar pel cap quan escoltes Mishima. Primera: obediència a principis encara per definir (i que es definiran més pel que no volen ser que pel que són). Segona: desobediència i desconfiança davant de les certeses massa evidents. Tercera: *Les mots bleus* d'Alain Bashung. Quarta: una gran facilitat per crear contrasenyes que permeten accedir a zones de la intimitat que, no se sap si per bé o per mal, qui escolta les cançons desconeixia. Cinquena: aquelles cançons d'amor de Manel que parlen amorosament de deixar l'altre com a màxima demostració d'amor. Sisena: el cansament d'algú que continua ballant malgrat que ja no li queden ni forces ni ganes però que no *pot* deixar de fer-ho. Setena: el contacte de les soles de sabata amb la neu d'un carrer mal il·luminat i aconseguir que el ritme de les petjades es coordini amb la melodia que assaja un pianista manxol. Ja ho sé, que la música no és tan complicada. Però jo sí que ho sóc. I si un grup t'interpel·la amb lletres que entens literalment però que sospites que tenen altres lectures que se t'escapen, d'entrada t'agafes a la possibilitat d'una idea i deixes que t'arrossegui fins als confins més visibles de l'emoció. Però com que també practiques la paranoia de baixa intensitat, alimentes altres sospites, com que els Mishima no renuncien a ser explícitament solemnes en la música i experimentalment cultes en les lletres i que això, encara que no sabries com defensar-ho davant d'un tribunal, és una forma de valentia i de moviment (mental i emocional) perpetu. Qui escolta la cançó ha de compartir la temptació (optativa) de capbussar-se cada cop més avall i saber que, més enllà de la funcionalitat aparent, hi ha estrats i dubtes feliçment o infeliçment resolts (ja hem quedat que perquè l'amor sigui feliç hem d'acceptar que no existeix l'amor feliç). Ja ho sé, que la música no és tan complicada. Però jo sí que ho sóc.

El que més m'agrada de «No et fas el llit», «Ningú m'espera» o «Tot torna a començar» és el to. El to és mitja vida. És una afirmació tan categòrica com discutible. Però sona bé (escrita, potser no tant). ¿Com es coordinen la intuïció i la voluntat? ¿Com es fan compatibles la franquesa emocional i l'estructura d'una idea? ¿Com casen l'obsessió per la coherència i la convicció que només es pot ser coherent *des-*

prés d'haver fet les coses i mai *abans?* Resposta: «Llepar-te». Llepar-te i escriure preludis que s'interpreten amb la mà esquerra, que, com tothom sap, és la mà dreta dels esquerrans. Coses que podem saber de Mishima: la primera vegada que vaig veure David Carabén (de lluny, en un bar, sortint d'un taxi, o sortint d'un taxi dins d'un bar), vaig pensar que era esquerrà i que duia unes botes massa grans i rotundes per les cançons que feia i que en aquest contrast entre fortalesa i vulnerabilitat hi havia la clau de moltes coses que probablement no tenien a res veure amb ell, amb els Mishima o amb mi.

Quan els Mishima cantaven en anglès, jo no els entenia. L'experiència d'escoltar-los no tenia res a veure amb l'actual perquè, com que no sé anglès, només podia fixar-me en la sonoritat. La sonoritat de les cançons és com el físic de les persones: activa uns mecanismes d'atracció que no requereixen un coneixement més complet (això explica la inestabilitat de tantes parelles). Em semblava que, quan sonava en anglès, la veu volia transmetre una foscor i una corrosió interna que, com a públic, m'empenyia a situar-me en el territori de la convenció. Em sentia com si hagués de fingir que m'agradava allò que, en realitat, no podia saber si m'agradava o no perquè no entenia les lletres i havia de limitar-me a assimilar els efectes de la part *física* de la cançó. Ara, en canvi, no he de fingir. La foscor i la corrosió arriben per altres camins i de manera més autèntica (si és que aquest adjectiu encara vol dir alguna cosa). No passen pel prejudici de sospitar que tot forma part d'una cerimònia que escenifica una actitud sinó d'una oportunitat d'entendre't fent servir dos llenguatges trenats a través del gran invent de la cançó: trenar paraula (poesia) i melodia (música) per construir una idea perdurable i breu. De vegades em passa al revés i no m'adono del físic de la cançó fins que no l'he començat a conèixer, com aquelles persones que, després d'haver-se tractat durant molt temps algú, s'adonen que s'han enamorat retroactivament.

Que t'agradi una cançó que entens literalment, però, no vol dir que l'entenguis realment. És més: hi ha cançons de Mishima que no entenc però no m'inquieta perquè sé que cançons que creia entendre fa trenta anys (de cantants del món que m'entusiasmen) avui descobreixo que diuen tot el contrari del que aleshores pensava que deien. Una de les grans virtuts de les cançons que t'agraden és que sempre vols tornar-les a escoltar, fins i tot quan ja te n'has cansat momentàniament i les deses i més endavant hi tornes i t'adones que, en efecte, hi havia matisos que no havies detectat (matisos de tu mateix, s'entén, no matisos de la cançó, que, com a tal, era deliberadament infinita i mutant). En resum: voler explicar les coses que t'agraden és temerari perquè el propòsit pot desvirtuar la naturalesa de les emocions, la simpatia, la curiositat i el trasbals que, per anar bé, han de provocar les cançons. Parlem clar: les millors cançons són les que et reconforten quan estàs molt fotut perquè si encara tens esma per assaborir la foscor corrosiva i compassiva d'una cançó deu voler dir que no estàs fotut del tot. Si fos possible tractar les persones com tractem les cançons (amb la mateixa facilitat per la possessió i l'abandó, per la lleialtat i la rancúnia), probablement seríem més feliços. Acabo d'escriure aquesta frase i de seguida m'adono que no té gaire sentit però intueixo que inclou alguns ingredients propis de les cançons. Una sonoritat tramposa i efervescent que t'activa i pot portar-te a fer allò que mai havies pensat que faries (o que faries exactament així). I, en canvi, no pots ni vols deixar de fer-ho. I a través d'allò que no és ben bé teu i que necessites definir per saber-ho amb certesa, t'acabes definint molt més que no pas a través del que ja saps de tu. Sí, ja ho sé: la música no és tan complicada. Però jo sí que ho sóc.

Barcelona, gener del 2015